Hagau, Hinna,
leh Sapum: Khil 1

I "Mihihna" Hawlna Limdangtah Taangthu

Hagau, Hinna, leh Sapum: Khil 1

Dr. Jaerock Lee

Hagau, Hinna, huleh Sapum: Khil 1 Dr. Jaerock Lee in a gelh.
A suntu Urim Books (Palai: Johnny. H. Kim)
235-3, Guro-dong 3, Guro-gu, Seoul, Korea
www.urimbooks.com

A neitu hihna khaam veh ahi. Hi lehkhabu chu a pumpi hi'n a bawngkhat hitaleh a suahtu phalna bei a bangchizawng ahakhat a teisawn ahiai ahihlouhleh electronik, limnamdoh, khumthoh, ahihlouhleh sil dang zanga suahkhiat phal ahi sih hi.

Kiheetsahna dang a um louhleh, Bible thukisoite laahsawnte chu, Holy Bible, NEW AMERICAN STANDARD VERSION apat kila ahi. °, Copyright © 1960, 1962, 1963, 1968, 1971, 1972, 1973, 1975, 1977, 1995 The Lockman Foundation in a neih ahi. Phalna toh kizang ahi.

Copyright@2010 neitu Dr. Jaerock Lee
ISBN: 979-11-263-1311-2 03230
Lehdohtheiha Copyright@2010 neitu Dr. Esther K. Chung. Phalna toh kizang ahi.

A masa a Korea haam a Urim Books in 2009 kum a a sut ahi.

Sut Khatna July 2012

Endihtu chu Dr. Geumsun Vin ahi
A cheimawitu Editorial Bureau of Urim Books
Tanchin kimzaw heettheihna diingin: urimbook@hotmail.com toh kithuzaah in.

Thumapui

Mite'n a taangpi in lohchinna neih, huleh kipaah a, hinkho nuam hin diing a ut uhi. Himahleh sum, silbawltheihna, huleh minthanna nei mahleh uh, koimah in sihna a peel thei sih uhi. Shir Huang-di, Nidanglai China a Kumpi masapen, in hinna singkung nei mahleh amah sihna a peel thei sih hi. Bangteng hizongleh, Bible tungtawn in, Pathian in hinna kumtuang a um neihdan lampi ahung hilh hi. Hih hinna chu Jesu Khrist tungtawn in ahung luangkhia hi.

Jesu Khrist ka pom apat leh Bible ka sim apat in, Pathian lungtang thuuhtaha ka heetsiamna diingin ka haamteipan hi. Pathian in kum sagih sung simseenglouh haamteina leh anngawlna hunsehte ka neih zoh in ahung dawng hi. Kouhtuam ka hon nung in, Pathian in Hagau Siangthou thopna tungtawn in Bible chang hahsa tampi ahung hilhchian a, hute laha khat ahihleh a bukimtaha kituunkhawm chu "Hagau, Hinna, huleh Sapum' toh kisai ahi. Hichu taangthu limdang mihingte hung kipatna hung hesiamsah huleh ei leh ei kiheetsiam diing hung phalsah ahi. Hichu mun dang khoimah apat kana zaah theih louh toh kisai ahi a, huleh ka a thu a soi gual louh a thupi ka nuamna ahi.

Hagau, hinna leh sapum tungtaang thusoina ka neih chiangin, Korea sung leh gamdangte apat in heetpihna leh dawnna tampi a um hi. Mi tampite'n amau leh amau a kihechian va, bangtobang mi ahi uh chih ahung kihedoh uhi, huleh Bible a chang hahsa tampi dawnna a tang va huleh hinkho dihtah neihna diing lampite ahung hesiam uhi. Hu laha mi khenkhatte'n hagau a mikhat hung hih diing siltup tu in ahung neita uh a chi va huleh Pathian hihna kikoppihtu in ahung pang va huleh 2 Peter 1:4 a kigial bangbang tan ahung sawm uhi, hichia gelh ahi, "Hujiahin thuchiam manpha leh loupi mahmah chu ahung pia hi: huchiin utna jiaha khovela siatna um chu taaikhiahsanin Pathian hinna kikoppihte na hung hi thei diing uhi."

Sun Tzu gelh Kidoudan Dan kichi in nangmah leh na meelma na heet leh, gaaldouna khatmah zong na lel sih diing hi. "Hagau, Hinna, huleh Tahsa" thute'n "mahni" hihna thuuhtah toh kisai ahung musah a huleh mihingte hung kipatna bulpi tungtaang ahung hilh hi. Hih thu khatvei kimtaha i zildoh va huleh i heetsiam uleh, mi koipouh zong i hesiam thei diing uhi. Huleh mial thahatna, eite hung tongkhate zohdante zong i hung he diing va, huchiin Khrist gualzohna hinkhua ah ahung tut diing hi.

Hih lehkhabu suahdohna diinga kipumpiaah mahmah GeumsunVin, Editorial Bureau a director leh natongtute kawm ah kipaahthu ka soi hi. Sil jousiah a na hung khantouh diing uh, huleh na hinna un ma a sawn dungjui a na hung hisel va, huleh huban ahh Pathian hihna kikoppih a na hung um uh chu ka kinepna ahi.

June 2009,
Jaerock Lee

Hagau, Hinna, huleh Sapum Tungtaang a Kalsuanna Kipatna

"Huleh hamuanna Pathian ngeei in na pum un hung susiangthou heh; huleh na hagau u'leh, na lungsim u'leh, na tahsa uh i Lalpa uh Jesu Khrist hung chianga soiseelbei diingin humbitin um hen."
(1 Thessalonika 5:23).

Bible siamte mihingte kisiamdan, silnih toh kisai ngaihdan leh silthum toh kisai ngaihdan tungtaang ah ana kinial uhi. Silnih toh kisai ngaihdan in mihing sehnih: hagau leh tahsa a kisiam ahi a chi va huleh silthum toh kisai ngaihdan neite'n mihingte chu she thum: hagau, hinna, huleh tahsa a kisiam ahi a chi uhi. Hih lehkhabu chu silthum toh kisai ngaihdan pansan ahi.

A taangpi in, heetna chu Pathian toh kisai heetna leh mihingte toh kisai heetna in a kisehkhen thei hi. Pathian toh kisai heetna ngah a, hih leitung a hinkhua i zat uh chu eite a diingin a poimoh mahmah hi. Pathian lungtang i heetsiam va huleh A deihzawng i bawl leh hinkho lohchingtah a hing in huleh kumtuang hinna i tang thei hi.

Mihingte chu Pathian lim a siam ahi va, huleh Pathian tel lou in, a hing thei sih uhi. Pathian tel lou in mihingte'n a bulbaal uh a hechian thei sih uhi. Pathian koi ahiai chih i hung chiang chauh in mihingte bulbaal toh kisai dotnate dawnna i ngah thei giap hi.

Hagau, hinna, huleh sapum mihingte heetna, pilna, huleh silbawltheihna chauh toh heetsiam theih louhna gam ah a um hi. Hichu Pathian mihingte bulbaal hepa chauh hung hilhtheih sil ahi. Hichu computer bawltu in computerte kisiamdan bangkim heetna a neih toh kibang ahi a, hujiahin computer natohdan toh kisaibuaina a um chiangin a bawlhoih thei khuh a siamtupa ahi. Hih lehkhabu chu ning lina hagau, hinna, huleh sapum toh kisai dotnate dawnna kichiantah hung pia hagaulam heetna a dim ahi.

A simtu in hih lehkhabu apat a a heet theih biih silte'n a nuai a bangteng a tuunkha hi:

1. Hagaulam heetna tungtawn in, hagau, hinna, huleh sapum, mihingte kisiamna chu, a simtu chu amah 'mimal' a kien thei a huleh hinkhua ngei a heet behlap thei hi.

2. Amaute bangtobang mihing ahi viai chih leh bangtobang a 'mimal' kisiam ahi viai chih a kim sipsip in ahung kihe thei uhi. Hih lehkhabu in a simtute a diingin amau leh amau kiheetdohna diing sawlleh Paul in I Korinthete 15:31, "Niteng in ka si" ana chih bang in leh sianthouna a ngah theih va huleh Pathian lungdeih hagau a mite hung hihna diing lampi a kawhmuh hi.

3. Meelma dawimangpa leh Setan thaang peel in, huleh mial zohna diing silbawltheihna chu eimah leh eimah i kiheetchian chiangin i nei thei uhi. Jesu'n hichia A soi bangin, "Pathian thu tunnate bawn pathiante chi ahihleh, (Pathian lehkhathu lah suhsiat theih ahi sih a)" (Johan 10:35), hih lehkhabu in a simtute a diingin Pathian hihna kikoppih diing leh Pathian chiamsa gualzawlna jousiah tang diingin lampi tom ahung hilh kawhmuh hi.

 **Hagau, Hinna, huleh Sapum: Khil 1**
A Sung a Thute

Thumapui

Hagau, Hinna, huleh Sapum Tungtaang a Kalsuanna Kipatna

Khen 1 Tahsa Hung Kisiamdan

Bung 1 Tahsa Tungtaang Heetdan

Bung 2 Silsiam
1. Munawngte Kikhenna Limdang
2. Tahsalam Munawng leh Hagaulam Munawng
3. Hagau, Hinna, huleh Sapum nei Mihingte

Bung 3 Tahsalam Munawng a Mite
1. Hinna Chi
2. Mihing Hung Umdan
3. Ngaihtuahna
4. Tahsa Nasepte
5. Chituhna

Khen 2 Hinna Kisiamdan
(Tahsalam Munawng a Hinna Khoheidan)

Bung 1 Hinna Hung Kisiamdan
1. Hinna Hilhchianna
2. Tahsalam Munawng a Hinna Khoheidan Chi Tuamtuamte
3. Mial

Bung 2 Mimal

Bung 3 Tahsalam Silte

Bung 4 Hagau Hing Dan Khel Lam ah

Khen 3 Hagau Muhdoh Kiitna

Bung 1 Hagau leh Hagau Buching

Bung 2 Pathian Silguan Bulpi

Hagau, Hinna, huleh Sapum: Khil 1

Khen 1

Tahsa Hung Kisiamdan

Mihing hung kipatna bang ahiai?
Khoi a hung kipan a huleh khoitah zuan diing i hiviai?

Ajiahchu nangma'n ka lungsim gil lam na nei a;
ka nu gil sungah na hung na khuhkhumta hi.
Nang ka hung phat diing hi;
ajiahchu lauhuaitah leh limdangtaha siam ka hi;
na natohte lah thumah tahtah ahi a;
huchu ka hinnain ahechian mah mah hi.
Aguuha siama ka um lai leh,
leimun nuainung peena kilawmtaha bawla ka um laiin,
ka guh ka taang nangmah apat phualin aum sih hi.
16 Ka lim bawlkim nailouh chu na mitin amu a;
na lehkhabu ah ka hiangte jousiah gelhveh ahi;
khat zong aum nailouh laiin kijom jeela suhtuahin aum hi.
Psalm 139:13-16

Bung 1
Tahsa Tungtaang Heetdan

Mihing pumpi chu hun pai dungjuiin leivui khutdim khat a suaah kiit hi; mihingte'n a ann neeh uh; mihingte'n a muh uh, a zaah uh, huleh a zou uh; huleh a silbawl photmah uh – a bawn un hite chu 'tahsa' hihna etsahna ahi.

Tahsa Bang Ahiai?

Mihingte chu Tahsa a, a Umden va ahihleh, Mannabei, Man neilou ahi uhi

Khovel a Sil Bangkim in Amau Zotnalam chiat a nei uhi

Zotna Sangzaw in Zotna Ngiamzote a Nuainet va, huleh a Thuneihkhum uhi

Mihingte khangthu pumpi ah mite'n 'Mihing bang ahiai? chih dawnna ana hawl uhi. Huh dotna dawnbutna in dotna dangte, "Bang bawl diinga hing i hiviai?" huleh "I hinkhua uh bangchibanga hin diing?" chihte dawnna ahung pe diing hi. Mihingte umna toh kisai a zilna, silsuina, huleh lunggelna chu philosophy leh sahkhuate gam ah nasatahin a kizil a, himahleh dawnna kichiantah leh buchingtah muh a hahsa hi.

Ahihvangin, mite'n "Mihing chu bangtobang hinna nei ahiai?" huleh "Kei koi ka hiai?" chih dotna sangzawte dawnna hawl in a non a non in pan a la uhi. Hutobang dotnate chu a kidong veu hi ajiahchu hih dotnate dawnnate jalin mihingte hinkhua a buaina giltahte suhvenna chabi ahung piangdoh thei hi. Hih khovel thu zilna in hutobang dotnate dawna a hung pe thei sih a, himahleh Pathian in A pe thei hi. Ama'n hih khovel leh a sung a sil um jousiah A siam hi huleh mihing A siam hi. Pathian dawnna chu dawnna dih ahi. Bible, Pathian Thu, ah hutobang dotna hung kawhmuhtu i mu hi.

Thugelhmite'n mihingte chu dan nih, a 'hagau' leh a 'pumpi' in a khen uhi. A lungsim lam silte chu 'hagau' huleh muhtheih, tahsalam silte chu 'pumpi' a kichi hi. Hizongleh, Bible in mihing

3

chu seh thum in a khen hi: hagau, hinna, leh sapum.

1 Thessalonikate 5:23 ah hichiin a kigial hi, "Huleh hamuanna Pathian ngeeiin na pumun hung susiangthou heh; huleh na hagau u'leh , na lungsim u'leh, na tahsa uh i Lalpa uh Jesu Khrist hung chianga soiseelbei diingin humbitin um hen."

Hagau leh hinna chu a kibang ahi sih hi. A minte chauh kibang lou hi lou in, hizongleh a hihna uh zong a kibang sih hi. 'Mihing' bang ahiai chih heetsiamna diingin, pumpi, hinna, huleh hagau bang ahiai chih i zil diing uhi.

Tahsa bang ahiai?

Dictionari soidan in 'tahsa' bang ahiai chih i enchian masa diing uhi. Merriam-Webster Dictionari in tahsa chu "ganhing khat sapum a, a neemna munte huleh a diaahkhol in nungjang guh nei ganhinte; a diahkhol in : guh tuamtu sapheh a sunglam a guh leh taangte toh kibang lou," a chi hi. Ganhing tahsa neehtheihna munte chihna zong ahi. Hizongleh, 'tahsa' bang ahiai chih Bible in ana soidan i heetsiamna diingin dictionary soidan sangin hagaulam sil a ana soidan i heetsiam uh a ngai hi.

Bible in 'sapum' leh 'tahsa' chih thumal ana zang veu hi. Mun tampi ah amaute'n hagaulam umzia ana nei uhi. Hagaulam sil ah, tahsa chu sil mangthei, kihenthei, huleh hun kihei dungjui a, a tawp chiang a mangthai sil ahi. Huleh hite chu sil kihdahhuai leh siangloute zong ahi. Singkung hingte chu nikhatni chiangin a go diinga huleh a si diing hi huleh amaute'n singkhuah a zattheih kung a nei uhi. Singkungte, singnoute, huleh leitung a sil bangkim chu hun pai dungjuiin a mangthang a, a muat a huleh a mangthang hi. Hujiahin, a bawn un tahsa ahi uhi.

Ahihleh, mihingte, silsiam jousiah laha lal chu bang ahiai? Tuni in khovel ah mihing vaibelsia 7 vel a um hi. Tu hun ngei in naungeeh chu Leitung ah a piang zing hi, huleh mun khat ah mite a si zing hi. A sih chiangun, a pumpi uh chu leivui khutdim khat a suaah hi, huleh amaute chu tahsa ahi uhi. Hubanah, an kinete, haam kizangte, thumal ngaihtuahna gelhna a kizangte, huleh siamna leh khantouhna mihingte poimohte chu a bawn in tahsa ahi uhi. Hun kiheng dungjuiin a mangthang in, a kiheng in, a si veh uhi. Hujiahin, hih leitung a um sil bangkim i muhtheih photmah, huleh hih khovel sil um jousiah i heet photmah uh chu a bawn in 'tahsa' ahi uhi.

Mihingte, Pathian apat peetmang photmah chu, tahsalam mi ahi uhi. Amaute silsiamdoh jousiah zong 'tahsa' ahi. Tahsalam mite'n bang ahiai bawldoh va huleh a hawl uh? Amaute'n chu tahsa utna, mit utna, huleh hinkhua kisahtheihna chauh ahi a hawl uhi. Mihingte'n khantouh a bawldoh uh zong mihingte khoheetna ngate sildeihte suhpichinna diing chauh ahi. Amaute chu nopsahna diing hawlna leh tahsa utna leh deihte suhbuchinna diing hawlna ahi. Hun paijel dungjuiin mihingte'n nopsahna leh thanopna silte a hawl semsem uhi. Khantouhna a san semsem leh mite tahsa utna dihtatlouhna a pung semsem hi.

'Tahsa' muhtheih a um bangin, muhtheihlouh 'tahsa' zong a um hi. Bible in huatna, kinialna, thangsiatna, tualthahna, angkawmna, huleh sualna toh kizop sil photmah chu tahsa a chi hi. Paah gimtui, huih leh huihnung chu um mahleh muhtheihlouh ahih bangin, mihingte lungtang ah sualna muhtheihlouh a um hi. Hite jousiah zong 'tahsa' ahi. Hujiahin, tahsa chu khovel a hun kiheng dungjui a mangthang leh kiheng silte, huleh thudihloute, sualnate, giloute, dihtatlouhna, huleh daanbeinate jousiah soina a kizang thumal taangpi ahi.

Romte 8:8 in hichiin a chi hi, "...tahsa-a umte'n Pathian a kipaahsah thei sih uhi." Hih chang a 'tahsa' in mihing sapum a kawh a, Pathian chu koimah in a sulungkim thei sih chihna ahi. Hujiahin hikhu in kawh dang a nei ngei diing hi.

Huleh, Jesu'n zong Johan 3:6 ah hichiin a chi hi, "Sa-a piang phot chu sa ahi a; huleh Hagau a piang photmah chu hagau ahi," huleh Johan 6:63 in zong hichiin a chi hi, "Suhingtu chu hagau ahi a, tahsa chu bangmah aphatuam sih; na kawmva ka thusoite chu hagau ahi a, huleh hinna zong ahi." Hitah a 'tahsa' in zong sil mangthei leh kiheng theite a kawh hi, huleh hujiahin Jesu'n hite bangmah a phattuamna a um sih ana chi hi.

Mihingte chu Tahsa a, a Um Zing Va Ahihleh, Pannabei, Manbei ahi uh

Gantate banglou in, mihingte'n amau lungnopna leh ngaihtuahnate a kinga in silmanpha a hawl uhi. Ahihvangin hite chu kumtuang daih ahi sih a, huleh hute jousiah zong tahsa sil ahi. Mihingte'n silmanpha a, a koih uh hauhsatna, minthanna, huleh heetna chihte chu bangmahlou a beimangpah diing sil ahi. Ahihleh 'lungsiatna' kichi bang ahiai? Mihing nih a kihel chiang un, khat um lou in a hing zou sih uh a kichi maithei uhi. Hizongleh hitobang kop tampite'n chu a kiteen zoh chiang un a lung uh a hei uhi. A lungthah pahpah va huleh a lunglel va huleh sil khat a deihlouh jiah un a hiamngampah jel uhi. Hitobang lung kihenn pahpahnate zong tahsa sil ahi. Mihingte tahsa a, a hin zing va ahihleh, ganhingte ahihlouhleh singnoute toh a kikhiatna uh a um sih hi. Pathian mitmuh in sil jousiah chu beimang leh mangthang diing giap ahi.

1 Peter 1:24 in hichiin a chi hi, "Ajiahchu mihing jousiah hi hampa bang ahi a, huleh mihing loupina zong hampa paah bang ahi. Hampa chu avula, a paah zong apulh hi," huleh Jakob 4:14 in hichiin a chi hi, "Ahiinlah jiing chianga bang ahung um diing na he sih uhi. Na hinna uh bang ahiai? Hichu meilum tomtakhat hung kilanga, mangkiit pah bang giap ahi."

Mihingte sapum leh ngaihtuahna jousiah chu Pathian hagau hipa Thu apat a peetmang jiahun umzebei ahi. Kumpipa Solomon in hih leitung a mihing in zahtatna leh kilawmna a tantheih jousiah a nei a, himahleh tahsa phattuamna um louhdan a hedoh a hichiin a chi hi, "Bangmahloute bangmalou, bangkim bangmalou ahi, Thusoitu in achi hi. Mihing in a natoh, ni nuaia a tohgim jousiah akipan in bang phattuamna anei ei?" (Thusoitu 1:2-3)

Khovel a Silbangkim in Kawhna Tuam A Nei Chiat Uhi

Physics ahihlouhleh angka ah kawhna um chu munawng a kawhna thum umte lah a khat in a kaih ahi. Giittang khat a mun khat in kawhna khat a nei a, huchu ning khat ahi. Silpheeng khat a sutvom khat in kawh nih a nei a, huleh hichu ngatna nih nei ahi. Huchibangin munawng a sutvom khat in kawh thum a nei a, huleh hichu ning thum nei ahi.

I tenna uh munawng chu physics dungjuiin ngatna thum nei khovel ahi. Physics thuuhzaw lam ah hun chu ngatna lina in a kingai hi. Hichu teelsuina lam a ngatnate toh kisai heetsiamdan ahi.

Hizongleh hagau, hinna, leh sapum etna ah, ngatna chu tahsalam ngatna leh hagaulam ngatna in a khentheih hi. Tahsalam ngatna chu 'ngatna-bei' apat 'ngatna-thumna' in a kikhen thei kiit hi. Khatna ah, ngatna-bei thumal in hinna neilou silte a kawh hi. Suangte, lei, tui, huleh siih te hih dinmun ah a um hi. Silhingte jousiah chu ngatna khatna, nihna, huleh thumna ah a um uhi.

Ngatna khat in hinna nei huleh naahthei himahleh vaah lehleh thei loute a kawh hi, huchiin amaute a taang thei sih uhi. Hih ngatna in paahte, hampa, singkungte leh sing dangte a tuunkha hi. Sapum a nei va, ahihvangin hinna leh hagau a nei sih uhi.

Ngatna nihna in ganhing naahtheih, taangthei, huleh sapum leh hinna neite a tuunkha hi. Hute chu ganhing humpite, bawngte, huleh belaamte ahi va; vate, ngate huleh ganhing neuter ahi uhi. Ui in a pu a hethei a ahihlouhleh meelheet louhte a bauh thei hi hinna a neih jiah un.

Ngatna thumna in naahthei, vaah lehleh thei, huleh hinna leh hagau nei a muhtheih sapum a umte a tuunkha hi. Hikhu in silsiam jousiah lah a tunungpen mihingte a kawh hi. Gantate banglou in, mihingte'n hagau a nei uhi. Amaute'n a ngaihtuah thei un Pathian a hawl thei uhi, huleh Pathian ah a gingta thei uhi.

Huleh ngatna lina i mitte va muhtheihlouh zong a um hi. Hichu hagaulam ngatna ahi. Pathian hagau hipa, tunglam mipite leh angelte, huleh cherubte chu a bawn un hagaulam ngatna ah a um veh uhi.

Ngatna Sangzawte'n Ngatna Ngiamzawte a Thuneihkhum Va huleh A Tung Vah Thu A Nei Uhi

Ngatna nihna a hingte'n ngatna khatna ahihlouhleh a ngiamzawte thuneihkhum in huleh a tung vah thu a nei uhi. Ngatna thumna a hingte'n ngatna nihna ahihlouhleh a ngiamzawte thuneihkhum in huleh a tung va thu a nei uhi. Ngatna ngiamzaw a te'n ngatna amaute sanga sangzawte a hesiam thei sih uhi. Ngatna khatna a hinkhua in ngatna nihna a hesiam thei sih a huleh ngatna nihna hinkhua in ngatna thumna a hesiam thei sih hi. Etsahna diingin, koiahakhat in lei haichi khat theh in, tui buaah in, huleh enkol bang hitaleh. Huh haichitang hung poudoh in, singkung ahung suaah a, huleh gah ahung suang hi. Huh haichitang in huh mipa silbawl a hesiam sih hi. Tangtelte nasan mihingte'n a totkha va a sih chiang un, a jiah diing a he sih uhi. Ngatna sangzawte'n ngatna ngiamzaw a khosate a thuneihkhum un huleh a tung vah thu a nei uhi, hizongleh a taangpi thu in, ngatna ngiamzaw a te'n bangmah soi theih a nei sih va, hizongleh ngatna sangzawte vaihawmkhum diing giap in a um uhi.

Huchibangin, mihingte ngatna thumna a umte'n ngatna lina khovel hagaulam lalgam a hesiam sih uhi. Hujiahin, tahsa mite'n dawite thuneihkhumna leh vaihawmkhumna toh kisai bangmah heet a nei sih uhi. Hizongleh, tahsa i paihmang va huleh hagau a mite i hung hih va ahihleh, ngatna lina khovel ah i luut thei uhi. Hujiahin hagau giloute i thuneihkhum thei un huleh i gualzou thei uhi.

Pathian hagau hipa'n A tate chu ngatna lina khovel hesiam diingin A deih hi. Hichibangin amaute'n Pathian deihzawng a hesiam thei va, A thu a mang va, huleh hinna a ngah uhi. Siamchiilbu bung 1 ah, Adam in sia leh pha heetna singkung apat a neeh ma un, sil jousiah a thuneihkhum hi. Hun khat ah Adam chu hagau hing ahi a huleh ngatna lina ah a khosa hi. Hizongleh a sual nung in, a hagau a si hi. Adam chauh hilou in, hizongleh a suante chu tu in ngatna thumna ah a hing uhi. Huchi ahihjiahin, mihingte, Pathian in A siamte, bangchibanga ngatna thumna a kengiam a, huleh ngatna lina khovel a kilehkiit thei ahi viai chih i en diing uhi.

Bung 2
Silsiam

Siamtu Pathian in mihing chituhna diingin silguan limdangtah ana bawl hi. Pathian munawng chu tahsalam munawng leh hagaulam munawng in A khen a huleh vaante leh lei leh a sung a sil um jousiah a khen hi.

1. Munawngte Limdangtaha Khenna

2. Tahsalam Munawng leh Hagaulam Munawng

3. Hagau, Hinna, leh Sapum toh Um Mihingte

Khangte masang apat in, Pathian chu khovel ah a tang in ana umta hi. Vaah bangin ana um a huleh silbangkim tung ah vaihawm in huihkhua munawng zaautah ah a vaah vialvial hi. 1 Johan 1:5 ah Pathian chu Vaah ahi chih a kigial hi. Hikhu in hagaulam vaah a kawh diah hi, hizongleh hikhu in zong Pathian a tuung apat Vaah a um ahihdan a kawh hi.

Koimah in Pathian a hingdoh sih hi. Amah chu bukimna toh Amah leh Amah a um ahi. Hujiahin, i silbawltheihna leh heetna neutakhat toh Amah heetsiam i sawm dah diing uhi. Johan 1:1 in 'a tuung' chih thuguuh a tuun hi. 'A tuung in Thu a um,' a chi hi. Hikhu chu Pathian meelputdan Thu a vaahte limdang leh kilawmtah a um huleh huihkhua a munawng jousiah a vai A hawmdan a hilhchian hi.

Hitah ah, 'a tuung in' chih in kumtuang kipat ma, mihingte'n a ngaihtuah phaah louh hunk hat a kawh hi. Hichu a Siamchiilbu 1:1 a 'a tuung' kichi khu, silsiam kipatna, ma ahi. Hujiahin, khovel kisiam ma a bangtobang sil um ahiai?

1. Munawngte Limdangtaha Khenna

Hagaulam lalga chu gamlapi ahi sih hi. Hagaulam lalgam toh kizop kotkhaah tampi muhtheih vaan mun tuamtuam ah a um hi.

Hun sawtpi paita ah, Pathian in A lungsiatna leh sil dang teng a kikoppih diing koiahakhat A deih hi. Pathian in pathian hihna leh mihing hihna A nei tuaah a huleh hikhu jiahin silbangkim A neih photmah Amah tang a zat sangin koiahakhat toh kikop A ut hi. Hikhu a lungsim a vom in, mihing chituhna ana guanggalh hi. Hichu mihingte siamna diing, pung diing leh tampi pha diinga a gualzawlna, Pathian toh kibang hagau simseenglouh ngahna diing, huleh vaan lalgam a khopkhawmna diing siltup ahi. Hichu loubawlmite'n haichi a tuh va, a khopkhawm va huleh a kilakhawmte buhbuuh a kikoih tobang ahi.

Pathian in Amah umna mun diing hagaulam munawng huleh tahsalam munawng mihing chituhna munawng a um a poimoh chih A he hi. Ama'n huihkhua zaautah chu hagaulam lalgam leh tahsalam lalgam in a khen hi. Huh mun apat in Pathian chu Pathian a Mithum, Pa Pathian, Tapa Pathian, huleh Hagau Siangthou Pathian in A um hi. Hikhu jiah ahihleh, maban a mihing chituhna bawlna diingin, Hundampa Jesu leh Panpihtu Hagau Siangthou chu a poimoh diing uhi.

Thupuandoh 22:13 in hichiin a chi hi, "Kei Alpha leh Omega, a masa leh a nunung, a bul leh a tawp Ka hi." Hichu Pathian a Mithum toh kisai kigial ahi. 'Alpha leh Omega' in Pa

Pathian a tuung a um leh heetna tengteng tawpna leh mihing khantouhna tawpna a kawh hi. 'A masa leh a nunung' in Tapa Pathian, Jesu, mihing hutdamna masa leh nunung a kawh hi. 'A bul leh a tawp' in Hagau Siangthou mihing chituhna bul leh tawp a kawh hi.

Tapa Jesu'n hundampa natoh A sem hi. Hagau Siangthou in Panpihtu hihna toh Hundampa saakhi a pia a huleh mihing hutdamna A subuching hi. Bible in Hagau Siangthou chu lam tuamtuam in vakhu ahihlouhleh meikuang toh tehkhin in a soichian hi, huleh Amah chu 'Pathian Tapa Hagau' bangin zong a kisoi hi. Galatiate 4:6 in hichiin a chi hi, "Huleh ta na hih jiahun Pathian in a Tapa Hagau chu, 'Abba, Pa,' chia kikouin na lungtangvah ahung sawlkhe ta hi." Huleh, Johan 15:26 in hichiin a chi hi, "Hizongleh Pa kawma pat na kawmva ka hung sawl diing, Hamuantu, Pa apat hung pawt, thutah Hagau ahung tun chiangin, ama'n ka tanchin ahesah diing hi."

Pa, Tapa, leh Hagau Siangthou Pathian in mihing chituhna silpiaah suhbuchinna diingin meelputdan chikhat A la va, huleh a bawn un silguan A soikhawm uhi. Hichu Siamchiilbu bung 1 a silsiam kigelhna ah taahlat ahi.

Siamchiilbu 1:26 in hichiin a chi hi, "Huleh Pathian in, "i lim bang leh eimah kibatpihin mihing i siam diinga; amah u'chu tuilianpia ngate, huihkhua-a leeng vate, gantate, leitung zousiah leh, leitunga aboha vaah ganhing chinteng tungah thu i neisah diing," achi a," hikhu chu Pa, Tapa, huleh Hagau Siangthou Pathian polam kilatdan meelpu chauh a bawl ahi uh chihna ahi sih hi. Hih umzia chu hagau, mihingte kingahna bulpi, chu Pathian hung pia ahi huleh hih hagau in Pathian siangthou kibatna a nei hi.

Tahsalam Lalgam leh Hagaulam Lalgam

Pathian a chauh a, A um lai in, tahsalam lalgam leh hagaulam lalgam a khen a ngai sih hi. Hizongleh, mihing chituhna a diingin tahsalam lalgam ahung um a ngai hi. Hikhu jiahin, hagaulam lalgam apat in tahsalam lalgam ahung khenkhia hi.

Hizongleh tahsalam leh hagaulam lalgam kikhen chih in sil khat phel nih i suah banga munawng chu kikhen siang vilvel chihna ahi sih hi. Etsahna diingin, pindan khat sung ah huih chi nih a umta hi. Damdawi chi khat va hel in huih chu rong san ahung suaah a, huchiin huih chu khen theih in ahung umta hi. Pindan khat ah huih chi nih um zongleh, i mit un huih san khu chauh a i mu thei hi. Huih khatpen mu thei sih mahlei, hu zong a um ngei hi.

Huchimah bangin, Pathian in hagaulam lalgam chu muhtheih tahsalam lalgam leh muhtheihlouh hagaulam lalgam in A khen hi. A hitahin, tahsalam lalgam leh hagaulam lalgam chu etsahna a huih chi nihte bangin a um sih hi. Amaute a tuamtuaah a um bangin a lang a, ahihvangin a kihelhtuah hi. Huleh, a kihelhtuah dungjui un, a tuamtuaah zong ahi uhi.

I muh bang un tahsalam lalgam leh hagaulam lalgam a tuamtuaah leh limdangtahin um mahleh, Pathian in huihkhua a mun tuamtuam ah hagaulam lalgam zotna kotkhaahte A koih hi. Hagaulam lalgam chu bangahakhat gamlapi a um ahi sih hi. Muhtheih vaandum a mun tampi ah hagaulam lalgam zotna kotkhaah tampi a um hi. Pathian in i hagaulam mit hung honsah diing bang hitaleh, huh kotkhaahte tungtawn in khoitahtah ahakhat ah hagaulam lalgam mu thei in i um diing uhi.

Stephen chu Hagau a dim a, a um lai in Pathian jiatlam a Jesu ding a um hi, a jiah ahihleh a hagaulam mitte leh hagaulam lalgam kotkhaahte a nih in ahung kihong hi. (Silbawlte 7:55-56).

Elijah chu Vaangam ah a hing in laahtouh ahi. A thoukiitpa Lalpa Jesu chu Vaangam ah a kaltou hi. Mosi leh Elijah chu Meelkihenna Taang ah ahung kilang uhi. Hagaulam lalgam kotkhaahte a um tahzet chih i pom va ahihleh hih siltungte chu a tahtah a tung ahihdan i hesiam thei uhi.

Huihkhua chu a lian mahmah a huleh a zaaudan tawp nei lou ahi. Leitung apat muhtheihna chiang (gal et theih chiang huihkhua) chu 'light year.' vaibeelsia 46 kiimkot lai giittan a liana hi. Hagaulam lalgam chu tahsalam lalgam beina mong ban a um hileh, huihkhua a lenna haatpen in zong hagaulam lalgam chiang tunna diingin hun simseenglouh sung a la diing hi. Huleh, angelte'n hagaulam lalgam apat a tahsalam lalgam chiang ahung zintungna diing un bangtan a la diviai chih na ngaihtuah thei ei? A bang hileh, hih hagaulam lalgam zotna kotkhaahte kihong thei leh kikhaah thei um ahihna toh, mi khat chu hagaulam lalgam leh tahsalam khovel kikal ah kotkhaah a pai bangin nuamtahin a zin lehleh thei hi.

17

Pathian in Vaangam Li A Siam Hi

Pathian in huihkhua chu hagaulam lalgam leh tahsalam a, A khen nung in, a poimoh dungjui in vaangam tamzaw in A khensawn hi. Bible in vaangam khat chauh hi lou in vaangam tampi a um chih ana soi hi. A tahtahin tahsalam mitt oh i muh uh khat sangin vaangam dang tampi a um chih ahung hilh ahi.

Daanpiahkiitbu 10:14 in hichiin a chi hi, Ngaiin, vaan leh vaante vaan chu Lalpa na Pathian u'a ahi a, lei zong, a sunga um jousiah toh," huleh Psalm 68:33 in hichiin a chi hi, "Nidang lai peha um, vaantung saang sawna tuangpa kawmah; ngaiin, a aw, aw loupi mahmah asuah hi." Huleh Kumpi Solomon in 1 Kumpipate 8:27 ah hichiin a chi hi, "Hizongleh Pathian chu leitungah ateeng tahtah na adiai mah? Ngaiin, vaan leh vaante vaanin zong nangmah hung dawllou ahi a: huchiin hi ka inn bawl ah ta sih na mei ni chia!"

Pathian in 'vaangam' kichi thumal chu hagaulam lalgam soina in ana zang hi, huchia hagaulam lalgam a munawngte i heetsiam baihlamna diing un. 'Vaangamte" chu a taangpi in vaangam li in a bikhiah hi. Tahsalam munawng pumpi Leitung, Nisa Bom, leh Mei Lampi, huleh huihkhua zaawng tengteng chu vaangam khat chih in a um hi.

Vaangam nihna apat in hagaulam munawng ahi veh hi. Eden Huan leh hagau giloute diinga munawng chu vaangam nihna ah a um hi. Pathian in mihingte A siam zoh in, Eden Huan, vaangam nihna a vaah mun, A siam hi. Pathian in Huan ah mihing ahung koih a, huleh bangkim tunga thunei diing leh vaihawm diingin A umsah hi (Siamchiilbu 2:15).

Pathian laltouphah chu vaangam thumna ah a um hi. Hichu vaangam lalgam Pathian tate mihing chituhna tungtawn a hutdamna tangte umna diing ahi.

Vaangam lina chu vaangam dihta Pathian in munawng A khen ma a Vaah a, A tang ana um jelna ahi. Hichu mun limdangtah Pathian in A lungsim um diinga ana gellawh jousiah suhbuchinna mun ahi. Hichu munawng hun leh mun khel lam a um zing chu ahi.

2. Tahsalam Munawng leh Hagaulam Munawng

Bible siam tampite'n Eden Huan muh sawm in hawl zongleh uh a muhlouh uh bang jiah ahiai? Ajiahchu hikhu vaangam nihna, hagaulam lalgam, a um ahihjiah ahi.

Pathian in A khenkhiaah munawng chu tahsalam munawng leh hagaulam munawng in a kikhen thei hi. Mihing chituhna apat A ngah diing A tate a diingin, Pathian in vaangam thumna ah vaangam lalgam a, A siam a, huleh Leitung chu vaangam khatna ah mihing chituhna mun hi diingin A guanggalh hi.

Siamchiilbu bung 1in Pathian silsiam ni-guup sung paipi ana gelhlut hi. A masapen in leitung kingahna A siam ah huleh vaanlam silte vaahlehna diing vaandum A siam a huleh aahsite umtan tampi A siam hi. Pathian in hun sawtpi sung tha tampi seng in ana um a, khatveivei leitung tanpha ah sil umdan enkhe diingin ahung kumsuh hi, ajiahchu Leitung chu A ta deihtah leh

19

dihtahte A ngahna diing ahi.

Naungeeh gilsung a um chu suul ah tuinaang lah ah bittahin ahung khang hi. Huchibangin, Leitung ahung kisiam a, a kingahna leptuaah ahih zoh in, Leitung pumpi chu tui tampi in a tuamsuaah hi, huleh hih tui chu vaangam thumna apat hung kipan hinna tui ahi. Leitung chu tui in ahung tuam dungjui in sil jousiah a diinga hin theihna diingin ahung kimansiangta hi. Huchiangin, Pathian in silsiam ahung pan hi.

Tahsalam Munawng, Mihing Chituhna Leitang

Pathian in, "vaah um hen" chia silsiam ni khatna a, ahung soi chiangin, Pathian laltouphah apat hung pawtdoh hagaulam vaah ahung pawtkhia a huleh Leitung a tuam hi. Hih vaah toh Pathian kumtuang silbawltheihna leh a pathian hihna chu sil jousiah tung ah a beh a huleh khovel daan dungjuiin sil jousiah a kitawl hi (Romte 1:20).

Pathian in mial apat vaah A khendoh a huleh vaah chu 'suun' a chi hi, hule mial chu 'zaan' A chi hi. Pathian in daan a siam a huchia suun leh zaan a um a, huleh ni leh ha ana siam hi.

A ni nihna in, Pathian in huihkhua A siam a huleh Leitung tuam a um tuite chu Lei a khen a huihkhua tunglam leh nuailam a tuite a khen hi. Pathian in huihkhua, i mit va i muhtheih vaan, chu vaangam A chi hi. Tuin, boruak chu silhing jousiah hingsah thei in A siam hi.Huih chu sil hingte naahtheihna diingin A siam a, meilumte leh vaan chu aahsite toh kisai sil hungte umna diingin A siam hi.

Huihkhua awng lianpi nuai a tuite chu Leitung a thaamden tuite ahi. Hichu tuipite, tuiliante, diilte, huleh luite a diinga tui hung kipatna ahi. (Siamchiilbu 1:9-10).

Huihkhua tunga tuite chu vaangam nihna a Eden tui diinga kholkhawm ahi. A ni thumni in, Pathian in huihkhua nuailam a tuite chu tuipi leh gam khenna diingin mun khat ah A kaikhawm hi. Ama'n loupa hingte leh anteh louhingte zong A siam hi.

Ni lina ah Pathian in ni, ha, huleh aahsite A siam ah, hute'n n suun leh zaan tung ah thu A neisah hi. A ni ngana in Ama'n ngate leh vaahte A siam hi. A tawpna ah, a niguup ni in Pathian in gantate jousiah mihingte jousiah A siam hi.

Muhtheihlouh Hagaulam Munawng

Eden Huan chu vaangam nihna a hagaulam lalgam ah a um hi, hizongleh hichu vaangam thumna a hagaulam lalgam toh a kibang sih hi. Hichu tahsalam ngatna toh umkhawm ahihjiahin hagaulam lalgam buchingtah ahi sih hi. Baihlam zawng a soi in, hichu tahsa leh hagau kikal laihawl um tobang ahi. Pathian mihing hagau hing a, A siam zoh in, Eden, suahlam, Eden ah Huan A siam a, huleh Huan ah mihing A khum hi (Siamchiilbu 2:8).

Hitah ah, 'suahlam' kichi chu tahsalam suahlam chihna ahi sih hi. 'Vaahte'n a umkual uh mun,' kichi in umze tuambiih a nei hi. Tudong in, Bible siam tampi in Eden Huan chu Euphrates leh Tigris luite kikal khoitahahakhat a um in a ngaihtuah va, huleh hah sui in sui in, sillui suina tampi nei mahleh uh Huan chu a mudoh keei sih uhi. A jiah ahihleh, Huan, 'hagau hing' nei Adam ana umna chu, hagaulam lalgam hi, vaangam nihna ah a um hi.

Eden Huan chu i ngaihtuahna uh khel lam a munawng lianpi ahi. Adam in sual ana bawl masang a, ana hinkhiat a tate chu hutah ah a um nalai uhi. Eden Huan in munawng ah phaahtawp a nei sih a huleh hujiahin hun bangtan kivei zongleh mihing in a dim sih diing hi.

Hizongleh Siamchiilbu 3:24 ah, Pathian in hutah ah cherubte A koih a huleh namsau kuang Eden Huan suahlam a, a ningchin a kihei lehleh a um chia gelh a um hi.

Hikhu jiah chu Huan chu mial mun toh kizop ahi. Hagau giloute chu sil tuamtuam jiahin luut a ut zing uhi. Khatna ah, amaute'n Adam heem a tum va, huleh a nihna ah amaute'n hinna singkung gah loh a sawm uhi. Huh theigah ne in kumtuang hinna neih a sawm va huleh Pathian lang ah kumtuang in din a sawm uhi. Adam in Eden Huan chu mial silbawltheihna a kipat in venbitna diing mohpuaahna a nei hi. Hizongleh Adam chu sia leh pha heetna singkung apat ne diinga Satan in ana heem zohta jiahin, hih leitung ah nohdoh in a umta a, hujiahin cherubte leh namsau kuang in a mohpuaahna a lata uhi.

Eden Huan umna vaah umna mun leh hagau giloute mun diing mialna mun chu vaangam nihna ah a umkhawm hi chiin a soi thei hi. Huban ah, vaangam nihna a vaah umna mun ah, gingtute'n Lalpa Hung Kiit zoh chianga Amah toh Kum-sagih Moulopna Ankuang a neihna mun diing uh a um hi. Hichu Eden Huan sangin a kilawmzaw tham hi. Khovel kisiam chiil apat hutdam a umte a tel diing va, huleh koipouh in hukhu bangchituh a lian diing ahiai chih a ngaihtuah thei hi.

Hagaulam lalgam ah vaangam thumna leh lina zong a um hi, huleh hute chu kimzaw in Hagau, Hinna, huleh Tahsa Khen Nihna ah soichian ahi diing hi. Pathian in tahsalam munawng leh hagaulam munawng ana khen a huleh munawng tuamtuam tampi a ana khenna jiah chu, ei mihingte a diing ahizaw hi. Hichu mihing chituhna a ta dihtahte ngahna diinga silbawlsah ahi. Tuin, mihing chu bangchibang leh banga siam ahiai?

3. Hagau, Hinna, huleh Tahsa toh um Mihingte

Bible in mihing khangthu chu Adam a sual jiah hih leitung a nohdoh ahung hih apat in ana chiamteh hi. Khangthu in Eden Huan a ana um lai hun ana telsah sih hi.

1) Adam, Hagau Hing

Mi masapen, Adam, heetsiamna chu mihing bulbalte heetsiamna ahi. Pathian in Adam mihing chituhna diinga hagau hing a, A siam ahi. Siamchiilbu 2:7 in Adam kisiamna hichiin a soichian hi, "Huleh LALPA Pathian in lei a leivui in mi asiam a, a naah sungah hinna hu ahaihkhuma; huchiin mi chu mihing ahung hita hi."

The material that God used to create Adam was the dust from the ground. It is because men would go through the human cultivation on this earth (Siamchiilbu 3:23).

Hikhu jiah dang zong lei, tual apat a leivui, chu a tunga sil kihel dungjuiin a umdan a kihing.

Pathian in tual apat leivui a mihing lim A siam chauh hilou in hizongleh a sunglam sil umte, guhte, siguite, huleh thaguite zong A siam hi. Beelkhengtu siamtahin tungman hoihtah neukhat toh saguh kuang manphatah a siamdoh hi. Pathian in mihing Amah meel suun a, A siam jiahin, bangchituha mihing chu kilawm diing a tadiai!

Adam chu vuun siang bawngnawi banga ngou kiuhkeuh a siam ana hi hi. Amah chu sa kiphu ahi a huleh a sapum chu a lu apat keeng tan bukim ahi a, a sung thazungte leh a sapum sil jousiah toh. Amah chu a kilawm mahmah hi. Pathian in Adam kawma hinna hu A haihkhum chiangin, amah silhing ahung suaah a, huchu hagau hing ahi. A kisiamdan chu hoihtaha kituah meivaah amah leh amah a vaah thei lou tobang ahi. Electrik mei toh a kituah chianga vaah thei ahi. Pathian apat hinna hu haihkhum a ahung um chiangin Adam lungtang a hung phu a, a sisan ahung pai a, huleh a sung chizawm um jousiah in na ahung tong hi. Hinna hu a dong chiangin a huaah in na ahung tongpan a, a mit in khua ahung mu a, a bil in ahung za, huleh a sapum a deihbangin ahung thei hi.

Hinna hu chu Pathian silbawltheihna suangtaah ahi. Hichu Pathian tha zong a chih theih hi. Hichu silbawltheihna naah hinna pai jelna diing ahi. Pathian in Adam hu A haihkhum zoh in, Adam in sapum toh kibang chet hagau lim ahung nei hi. Adam tahsa sapum a diing lim ahung neih bangin, a hagau in zong a sapum bang chet lim ahung nei hi. Hagau lim chu a kimzaw in hih lehkhabu khen nihna ah soichian ahi diing hi.

Adam, tu a hagau hing, sapum in a mangthang thei lou tahsa leh guhte a nei hi. Sapum in Pathian toh kihou thei hagau a nei a huleh hagau panpih hinna a nei hi. Hinna leh sapum in hagau thu a mang va, huleh hichibangin Pathian Thu a keem a huleh Pathian hagau hipa toh a kihou uhi.

Hizongleh Adam siam masat ahih in, mipiching sapum a nei a, hizongleh heetna bangmah a nei sih hi. Naungeeh in umdan hoihtah a neih a huleh siamzilna tungtawn a khotaang a tanmun hoih a neih theih bangin ama'n heetna mumaltah ahung neih a ngai hi. Huchiin, Eden Huan a, A puiluut nung in, Pathian in Adam chu thutah heetna leh hagau heetna A hilh hi. Pathian in khovel a sil bangkim kituaahna, hagaulam lalgam daante, thutah Thu, Pathian heetna phatawpbei A hilh hi. Hujiahin Adam in leitung a thuneihkhum thei in huleh sil jousiah tung ah vai a hawm thei hi.

Tehtheihlouh Hun a Hing

Adam, hagau hing, in hagau heetna leh pilna nei in, Eden Huan leh Leitung ah silsiam jousiah tung ah vai a hawm hi. Pathian amah chu a tang a, a um diing hoih lou chia ngaihtuah in, a naahguh khat apat in numei, Eve, A siam hi. Pathian in amah a diinga panpihtu kituaah A siam a huleh sapum khat A suaahsah hi. Tu in, dotna um chu amaute Eden Huan bangtan a hing viai?

Bible in a hung sung chet a soi sih a, hizongleh hun sawtpi ngaihtuah phaah louh sung a um uhi. Hizongleh Siamchiilbu 3:16 hichia a soi i mu hi, "Numei kawmah ama'n, Na gimna leh na taneihna nasatahin ka supung diinga; gimtahin ta na hingkhe diinga, na deihjawng chu na pasal lamah ahi diing, huleh ama'n na tungah thu anei diing hi."

Evi sual bawl gah in, haamsiat a dong a huleh hikhu a nau neihna ah hahsatna nasatahin a kibelapsah hi. Soidan tuam in, amahnu haamsiat ahih ma in, ama'n Eden Huan ah ta ana nei a, hizongleh nau neihna hahsatna ana nei sih hi. Adam leh Evi chu a teeh thei lou hagau hing ahi uhi. Hujiahin, hun sawtpi petmah hing in ana pung uhi.

Mi tampite ngaih in Adam chu siam zoh ahih toh kiton in sia leh pha heetna singkung apat in a ne ngal hi. Khenkhat in a nuai a dotna tobang ana dong uhi: "Bible a mihing khangthu kum 6,000 vel chauh ana hihleh, sil lui kum za sang a sim a upa bang diinga kimudoh ahiai?

Bible a mihing khangthu chu Adam in sual ana bawl zoh a hih leitung ahung kinohdoh apat hung kipan ahi. Hikhu in Eden Huan a ana um lai uh ana gelhluutkha sih hi. Adam Eden Huan a ana um lai in, Leitung chu kihenna tampi, leitang kihenna, gam kihenna huleh sil hing chi tuamtuam ahung khangkhia leh ana mangthang te lah a ana pailiamtou ahi. Khenkhatte sillui muhdoh theih ahung suaah uhi. Hikhu jiahin sillui kum maktaduai a upa i mudoh uhi.

2) Adam in Sual Ana Bawl

Pathian in Adam Eden Huan a, A puiluut in, a bawl louh diing sil khat A neisah hi. Adam kawm ah sil leh pha singkung apat ne lou diingin A hilh hi. Hizongleh hung sawtpi ahung pai chiangin, Adam in singkung apat ahung neta hi. Eden Huan apat Leitung ah nohdoh in ahung um va, huleh huh hun a kipat in mihing chituhna ahung kipan hi.

Adam in bangchidan sual hung bawl ahiai? Adam in Pathian apat thuneihna a ngah nungin mi khat ahung um hi. Huchu Lucifer, hagau gilou chinteng lutang ahi. Lucifer in Pathian lang a, a din a huleh gaal a zohna diingin Adam apat thuneihna laah a ngai chiin a ngaihtuah hi. Sil guanggalhna naahtah a nei a huleh guul, pil mahmah, a zang hi.

Siamchiilbu 3:1 a ana kisoi bangin, "Chiin guul chu LALPA Pathian bawl gamsa zousiah lahah agitlouhpil peen hi," guul chu tungman pilna nei a siam ana hi hi.

Hikhu jiahin ganhing dangte sangin dawimangpa pilna pom theihna neih theihna lianzaw a nei a hi. A hihna chu hagau giloute tohthoh in a um a huleh guul chu mihing heemna diing vanzat in ahung pang hi.

Hagau Giloute'n Mihingte A Heem Zing Uhi

Adam in hu hun laiin thuneihna liantah a nei a huchiin Eden

Huan leh Leitung ah vai a hawm hi, hujiahin guul a diingin Adam tangtaha va heem chu silbaih ahi sih hi. Hujiahin Evi heem masat diingin a teel hi. Guul in pilkheltahin amahnu a dong a, "Tahzet in, Pathian in, 'Huan a singkung khatbeeh apat na ne sih diing uh,' A chi maw?" (c. 1). Pathian in Evi bangmah thupiaah a pe sih hi. Thupiaah chu Adam kawm a piaah ahi. Hizongleh, guul in Evi kawma thupiaah kipia bangin a dong hi. Evi dawnna chu hichia chi bangin a kigial hi, "Huin numei in guul kawmah, Huana singgahte ka ne thei uhi; Hizongleh huan lailung a um singgah chu Pathian in, Na neeh louh diing uh, khoih zong na khoih louh diing uh, huchilouin chu na si diing uhi, achi," (Siamchiilbu 3:2-3).

Pathian hichiin A chi, "...na neeh ni ni in na si ngeingei diing "(Siamchiilbu 2:17). Hizongleh Evi in hichiin a chi hi, "huchi lou in na diing." Kibatlouhna neuchakhat chauh um bangin ngaihtuah maithei hi, hizongleh amahnu'n Pathian Thu chu a lungsim dihtahin a vom sih hi. Hikhu in a soi chu amahnu'n Pathian thu chingtahin a gingta sih hi. Guul in Evi in Pathian Thu a heng chih a muh in, ngampatahin a heem panta hi.

Siamchiilbu 3:4-5 in hichiin a chi hi, "Huleh guul in numei kawmah, Na si het sih diing uh;Bangjiahin ichihleh hukhu na neeh ni va kipat na mit uh ahung vaah diinga, Pathian banga asia leh apha he na hung hita diing uh chih Pathian in ahe hi."

Setan in guul chu Evi lungsim a deihna koih diinga a chiil toh kiton in hichia gelh bangin amahnu a diingin sia leh pha heetna singkung a tuam bangin a hung um hi, ".... singkung chu neeh diinga hoih ahi chih leh, mit la mahmah ahi chih leh, mipilsah diinga deihhuaitah ahi (c. 6).

Evi in Pathian Thu kalh a um diing ana tum sih a, hizongleh a lungsim deihna ahung um in, singkung apat ahung neta hi. A pasal Adam kawm ah a pia a, huleh ama'n zong a neta hi.

Adam leh Evi Suanlamte

Siamchiilbu 3:11 ah, Pathian in Adam A dong hi, "God asked Adam, " Neeh louh diinga thu k'ung piaah singgah na ne ahita maw?"

Pathian sil umdan a he veh a, hizongleh Ama'n Adam in a khelhna a phawh a, a kisiih diing A deih hi. Hizongleh Adam in a dawng a, "Ka umpih diinga na hung piaah numei, amahnu'n singgah ahung pia a, ka neta ahi." (c. 12) Adam in a soinop chu Pathian in numei pe lou hileh, huchibang sil a bawl sih diing chih ahi. A silbawl khelh pom sangin, a silbawl gah apat kihepmang a utzaw hi. A dihtahin Evi chu Adam theigah ne diing petu ahi. Hizongleh, Adam chu numei lutang ahi a, hujiahin siltung tung ah ama'n mohpuaahna a nei hi.

Tuin, Siamchiilbu 3:13 ah Pathian in numei kawm ah a dong hi, "Bang ahiai nana bawlta? Adam in a moh tangta zongleh, Evi in a silbawl sual gah apat kiawngsut theihna diing a nei hi. Hizongleh amahnu'n a guul ngoh in hichiin a chi hi, "Guul in ahung heem a, huchiin ka ne hi." Huleh Adam leh Evi hih sualna bawlte tung ah bang a tung ei?

Adam Hagau A Sita

Siamchiilbu 2:17 in hichiin a chi hi, says, "...hizongleh asia leh apha heetna singgah chu na neeh louh diing ahi; ajiahchu na neeh ni ni in na si ngeingei diing hi, chiin thu apia a."

Hitah ah, Pathian in 'sihna' ana chih chu tahsalam sihna ahi sih a, hizongleh hagaulam sihna ahi. Mikhat hagau sih chih in a hagau a mangthang veh chihna ahi sih hi. Hikhu umzia chu Pathian toh kizopn a tan a huleh na a sem thei nawn sih chihna ahi. Hagau chu a um zing nalai a, hizongleh Pathian apat hagaulam silte a dong thei sih hi. Hih dinmun chu sihna toh a kikhiatna a um sih hi.

Adam leh Evi hagau a sihta jiahin, Pathina in Eden Huan hagaulam lalgam a um ah, A umsah thei nawn sih hi. Siamchiilbu 3:22-23 in hichiin a chi, "Huleh LALPA Pathian in, Ngaiun, mihing chu asia leh apha he eiuh bang ahung hita a: tuin a khuta sawhin hinna singkunga louin ane diinga, kumtuangin ahing kha diing, achi a. Hujiahin LALPA Pathian in amah chu akilaahdohna lei let diingin Eden huana kipan asawldohta hi."

Pathian in hichiin A chi hi, "mihing chu Eite laha khat bang ahung hita hi" huleh hikhu in Adam chu Pathian bang chet ahi a chihna ahi sih hi. Hih umzia chu Adam in thutah chauh ana he a, hizongleh Pathian in thutah leh thutahlou A heet bangin, Adam in thutahlou toh kisai zong A heta hi. Hujiahin, Adam hagau ana hi in, tu in tahsa ah ahung kiihkiitta hi. Ama'n sihna a tuaah a ngaita hi. Pathian ana siamna dungjuiin hih leitung a ahung kiihkiit a ngaita hi. Tahsa a um mihing chu hagaulam mun ah a hing thei nawn sih hi. Huban ah, Adam in hinna singkung apat ana neeh leh kumtuang in a hing diing hi. Hujiahin Pathian in Eden Huan ah ana umsah nawn sih hi.

3) Tahsalam Munawng a Kilehkiitna

Adam in Pathian thu ana manlouh zoh a sia leh pha singkung apat ana neeh zoh in, silbangkim a kiheng veh hi. Leitung, tahsalam munawng ah delhkhiaah in a um hi, huleh ama'n gimtah leh khosapan kai in neeh a hawlta hi. Silbangkim chu haamsiat ahita hi. Sil jousiah chu haamsiatna nuai ah a um a, huleh Pathian in sil ana siam lai a kiim leh pam hoih mahmah chu a um nawnta sih hi.

Siamchiilbu 3:17 in hichiin ana gelh hi. "Huleh Adam kawm ah (Pathian) in hichiin A chi, 'Na zi thu na juiha, Na neeh louh diing ka chih singgah na neeh jiahin leitung nangmah jiahin haamsiat ahita hi; na damsung teng gimtaha tongin a gah naneta diing.'"

Hih chang apat in, Adam sual jiahin, Adam chauh hi lou in hizongleh leitung a silbangkim, vaan masa tengteng tel in haamsiat ahi chih i mu thei hi. Leitung sil jousiah a kilawmkhawm veh a, hizongleh tahsalam daan dang khat siam in ahung um hi. Haamsiatna jiahin, natna hiite ahung um a, huleh gantate leh sing leh loute ahung kiheng panta hi.

Siamchiilbu 3:18 ah, Pathian in Adam kawm ah hichiin a soitou nalai hi, "Ling leh loulingneite zong nang diingin ahung pawtsah diinga; huleh lei anteh nane diing." Haichite hoihtahin a pou thei sih hi ajiahchu ling loulingneite a um jiahin, huchiin Adam in gam a gahte chu gimtaha natoh jalin a ne thei giap hi. Leitang haamsiat ahih jiahin, singkung leh singnou poimoh loute ahung poudoh hi. Ganhing lauhhuaite zong ahung um hi. Ama'n tu in leitang chu lou hoih haichi chiinna ahung suaah theihna diingin hitobang sil lauhhuaite a laahkhiat a ngai hi.

Lungtang Chituhna Poimohna

Adam in leitang a haichi a chiin diing ahihta jiahin, hutobang dinmun chu mihing tu a hih leitung a mihing chituhna a phuttouh ngai um tobang a um hi. Mihing in sual a bawl masang in, ama'n lungtang siangthou leh dembei hagau heetna chauh nei a nei hi. Siamchiilbu 3:23 in hichiin a chi hi, "...Hujiahin Lalpa Pathian in amah chu akilaahdohna lei let diingin Eden huana kipan asawldohta hi." Hih chang in Adam, leitang apat leivui kila a siam, chu a kiladohna leitang a suun hi. Hih umzia chu ama'n tuin a lungtang a chituh a ngaita hi.

Ama'n sual ana bawl masangin, a lungtang ana chituh ana ngai sih hi, ajiahchu ama'n a lungtang ah gilou bangmah a nei sih hi.

Hizongleh a thumanlouh nung in, meelmapa dawimangpa leh Setan in mihing ahung thuneihkhumta uhi. Amaute'n mihing lungtang ah tahsalam silte ahung tuhluut semsem hi. Huatna, lungthahna, luhlulna, angkawmna, a dangdang ahung tuhluut uhi. Hite tengteng chu lungtang ah ling leh loulingneite toh ahung khangkhawmta hi. Mihing chu silte toh ahung kitaat baang semsemta hi.

'I kisiamdohna leitang chiinna' diing chih umzia chu Jesu Khrist pom a ngai chihna ahi; i lungtang a kituhluut tahsa sil paihmangna diingin Pathian Thu i zat uh a ngai a; huleh hagaulam dinmun ngei a, i luut kiit uh a ngai hi. Huchi lou in chu, hih umzia chu 'hagau si' i pai va huleh hagau sit oh kumtuang hinna i tang sih diing uhi. Mihingte lei a chituhna jiah chu lungtang siangthou, hagaulam lungtang neihkiitna diinga tahsalam lungtang chituhna ahi. Hih lungtang chu Adam in a puuhsiat masang a, a neih lungtang toh a kibang hi.

Adam a diingin Eden Huan apat nohdohna leh hih leitung a khosah chu kihenna liantah ahi. Hichu gam liantaha kumpi tapa khat mi maimai hung suaah a, a gentheihna sanga nazaw leh lungbuaihuaizaw ahi. Evi in zong tuin nauvei natna lianzaw a thuaah a ngaita hi.

Eden Huan a, a khosah lai un, sihna a um sih hi. Hizongleh tuin hih a beimang leh mangthang diing tahsalam khovel hing in sihna a tuaahta diing uhi. Siamchiilbu 3:19 in hichiin a chi hi, "Leia na kihkiit masiah na maaia khosa luang pumin an naneta diing hi; lei a kipana laahdoh nahi ngaala: ajiahchu leivui nahi a, leivui mahah na kihkiit diing hi." Gelh ahih dungjuiin, tuin a sih uh a ngaita hi.

A dihtahin, Adam hagau chu Pathian a kipan ahi, huleh hichu a mangkei thei sih hi. Siamchiilbu 2:7 in hichiin a chi hi, "Huleh Lalpa Pathian in lei a leivui in mi asiam a, a naah sungah hinna hu ahaihkhuma; huchiin mi chu mihing ahung hita hi." Hinna huhaihkhum in kumtuangin Pathian nungchang a nei hi.

Hizongleh Adam hagau chu a halhzou nawn sih hi. Ajiahchu, hinna in mihing pu bangin na a tongta a huleh a sapum tung ah thuneihna a neita hi. Hu a kipat in, Adam chu ahung upa theita a huleh tahsalam khovel dungjuiin sihna ahung tuaahta hi. Lei a kiihkiit a ngaita hi.

Huchih lai in, Leitang chu haamsiat himahleh, sualna leh giitlouhna tuni bangin ana tam sih hi huleh huchiin Adam chu kum kum 930 tan a dam hi (Siamchiilbu 5:5).

Hizongleh hun ahung kihei dungjuiin mite ahung sual deuhdeuh uhi. Hujiahin, a hinkum uh suhtom in ahung um hi. Eden Huan apat hih leitung a ahung kumsuh zoh un, Adam leh Evi chum un leh mual thah ah ahung teeng theih uh a ngai hi. Hi tengteng tung ah, tahsalam mite bangin, hagau hing bang lou a, ahung um uh a ngaita hi. Na a sep zoh chiang un a gim uhi, hujiahin a tawldam uh a ngaita hi. Natna in a bawm thei in ahung china thei uhi. A ne uh a kihen jiahin a sung uh ahung kiheng hi. A neeh zoh chiang un a sung un na a sep a ngaita hi. Silbangkim ahung kiheng hi. Adam thumanlouhna chu sil maimai ahung hita sih hi. Hih umzia chu mihing jousiah tung ah sual ahung luutta chihna ahi. Adam leh Evil leh hih leitung a, a suante uh jousiah in hagau si toh tahsalam hinkhua ahung zangpanta uhi.

Bung 3
Tahsalam Munawng a Mihingte

Tahsa chu sual toh umkhawm hihna ah,
huleh hujiahin mihinge chu tahsalam munawng ah sual bawl thei dinmun a um ahi.
Ahihvangin, mihing sungkil ah Pathian in A piaah hinna chi a um hi,
huleh hih hinna chi toh mihing chituhna ahung umdoh thei hi.

1. Hinna Chi

2. Mihing Bang Hungchi Um Ahiai

3. Sialehpha Heetna

4. Tahsalam Natohte

5. Chituhna

Adam leh Evi in hih leitung ah ta tampi a nei uhi. A hagau uh si mahleh, Pathian in amaute A nuse sih hi. Ama'n a leitung hinkhua va diinga sil poimohte A hilh hi. Adam in a tate hih thudih a hilh a, huchiin Kaina leh Abel in Pathian kawm kithoihna lat diingdan a he tuaah uhi.

Hung hung pai jel in Kaina in lei gahte sillat in Pathian kawm ah ahung tawi a, hizongleh Abel Pathian deihzawng sisan kithoihna ahung tawi hi. Pathian in Abel kithoihna ahung pom chiangin, a sualna phaw a kisiih naahsangin, Kaina in Abel a thangsiat in a thatta hi.

Hun hung pai jel dungjuiin, sualna chu ahung pung deuhdeuh a, Noah hun tandong in, leitung chu hiamngamna a hung dim in huchiin Pathian in tui in khovel pumpi a gawtta hi. Hizongleh Pathian in Noah leh a ta thumte chu nam thah hi diingin A phalsah hi. Tu in, hih leitung hung khosa mihing namte tung ah bang a suaah ta diviai?

1. Hinna Chi

Adam in sual a bawl nung in, Pathian toh a kizopna uh suhtan in a um hi. A hagaulam thahatna chu ahung kehdoh a huleh tahsalam thahatna amah ah ahung luut a huleh amah hinna chi um a khuh mang hi.

Pathian in Adam chu leivui apat in a siam hi. Hebrai haam in 'Adamah' chu lei ahihlouhleh leitung chihna ahi. Pathian in mihing lim chu tungman in A siam a huleh a nakohawm ah hinna hu A haihkhum hi. Isai bu ahi 'tungman a siam' chih zong ana kigial hi.

Isai 64:8 ah hichiin a kigial hi, "Hizongleh Aw Lalpa, tuin nang chu ka pa ah na hia: keiuh tungman ka hi uh, nang chu keiuh hung kheengpa na hi: ka bawnun na khut suaah ka hi uhi."

Hih kouhtuam ka pat nung sawt lou in, Pathian in Adam tungman a, A siam lai meng in ahung musah hi. Pathian in vanzat a, A zat chu tui toh kihel lei, tungman ahi. Hitah ah, tui in Pathian Thu a kawh hi (Johan 4:14). Lei leh tui ahung kigawm a huleh hinna hu ahung luut toh kiton in, sisan, hinna chu ahung kitawl a huleh hichu sil hing ahung suaah hi (Siampubu 17:14).

Hinna hu in a sung ah Pathian silbawltheihna a nei hi. Hikhu Pathian apat hung kuan ahihjiahin, a bei thei ngei sih hi. Bible in Adam mihing ahung suaah chi mai in a soi sih hi. Mi hinna nei ahung hi a chi hi. Hikhu umzia chu amah hagau hing ahi. Amah chu lei apat leivui apat siam himahleh hinna hut oh kumtuang in a hing thei hi. Hikhu apat in Johan 10:34-35 a kisoi i hesiam thei uhi, "Jesu'n akawmvah, Na daan lehkhabuvah, pathiante nahi uh, ka chi, chih gelh hilou ahiai mah? Pathian thu tunnate bawn pathiante chi ahihleh, Pathian lehkhathu lah suhsiat theih ahi sih a."

Siam ahih dungjuiin, a tuung in mihing chu kumtuanga a hing a tahsalam sihna mu lou diinga siam ahi. Adam hagau chu a thumanlouh jiah in si mahleh, a sunggil ah chu Pathian piaah hinna chi a um hi. Hichu kumtuang ahi a huleh hikhu tungtawn in koipouh Pathian ta khat bangin a piang kiit thei hi.

Michih Kawm ah Hinna Chi Piaah Ahi

Pathian in Adam A siam in, amah ah hinna chi mit thei lou A tuh hi. Hinna chu Pathian in Adam hagau, a hagau laigil, a ana suan chi ahi. Hichu hagau bulpi, Pathian lung a phawh zingna diinga silbawltheihna bul huleh mihing mohpuaahna kepbitna diing ahi.

Ha sagih gai hun sung in Pathian in hinna chi chu naubu sung ah hagau khat toh A piaah hi. Hih hinna chi ah Pathian lungtang leh silbawltheihna a um a huchiin mihingte toh Pathian kihoutuah thei in a um uhi. Pathian um lam phawh lou mi tampite'n zong sih nung sil um diing lauhna ahihlouh thawmhauna a nei va ahihlouhleh a lungtang sunggil vah Pathian um lou a chi ngam sih uhi, ajiahchu a lungtang sunggil va hinna chi a nei uhi.

Pyramidte leh sillui khenkhat in kumtuang hinna leh kumtuang khawldamna mun tungtaang a mite ngaihtuah a pua hi. Mi hangsanpente'n zong sih lauhna a nei uhi ajiahchu a sung va hinna chi in hinkhua hung tung diing a he thei uhi.

Koipouh in Pathian in A pia hinna chi a nei va, huleh a hihna ah Pathian hawlna a um hi (Thusoitu 3:11). Hinna chi chu mihing lungtang bangin na tongin a um hi, huleh hichu hagaulam hinna toh tangtahin a kizop hi. Sapum huih leh tahsa a diinga phatuam silte petu diingin sisan a paikual a, lungtang natoh a kipaahhuai hi. Huchibangin, mihing a hinna chi suhhing ahung hih chiangin, a hagau zong tha pia in a um huleh huchiin Pathian toh ahung kihoumat thei hi. A lehlam ah, hagau a sih inchu, hinna chi a thathou sih a huleh koimah tangtahin Pathian toh a kihoumat thei sih hi.

Hinna Chi chu Hagau Sunggil ahi

Adam chu Pathian in A hilh thutah heetna a dim ahi. Hinna chi chu a thathou mahmah hi. Amah chu hagaulam thahatna a dim ahi. Amah chu a pil mahmah a huchiin ama'n sil hing jousiah min a phuaahsah thei a huleh silsiam jousiahte tung ah a pu banga um thei in vaai a hawm hi. Hizongleh a sual zoh nung in, Pathian toh a kichimatna uh a tan hi. A hagaulam thahatna zong amah a kipat a kehmang panta hi. A hagaulam thahatna chu a lungtang ah tahsalam thahatna in a luahsuan a huleh tahsalam thahatna in zong hinna chi a khuhmang hi. Huh hunlai a kipat in, hinna chi in awlawl in a vaah a mansuah a huleh a tawp in a bawn in thabei in a um hi.

Mihing hinkhua chu a lungphu a um nawn louh chianga ahung bei bangin, Adam hagau zong hinna chi ahung toh kiton in a sita hi. A hagau hung chih umzia chu a hinna chi in na sem nawn lou chihna ahia, huchiin a chi chu si tobang mai ahi. Hujiahin, hih tahsalam munawng a koipouh chu hinna chi thabei keei toh piangkhawm ahi.

Mihingte'n Adam puuhna jiahin sihna a pel thei sih uhi. Amaute a diingin kumtuang hinna muhna diingin, Pathian Vaah hipa panpihna toh a sual buaina uh a suhveng uh a ngai hi. Hute chu, Jesu Khrist a pom va huleh sual ngaihdamna a tan uh a ngai hi. I hagau uh suhhing kiitna diingin, Jesu'n mihing jousiah sualna chu pua in kross ah a sita hi. Amah chu lampi, thutah, huleh hinna, hu tungtawn a mi jousiahte'n kumtuang hinna a ngahna uh ahung suaah hi. Jesu chu i mimal Hundampa a i pom chiangun, i sualnate uh ngaihdam ahung hi thei a huleh Hagau Siangthou tangin Pathian tate i hung hi thei uhi.

Hagau Siangthou in i sunga hinna chi a hihhaah thei hi. Hichu i sung a hagau sisa suhhing kiitna ahi. Hih hun a kipat in, hinna chi a vaah ana mangsahsa chu ahung vaah kiit hi.

41

A dihtahin, Adam a bangin a buching in a vaah thei sih a, hizongleh mikhat ginna buuhna khan leh a hagau khan leh pichin dungjuiin a vaah haatna a haat deuhdeuh hi.

Hinna chi chu Hagau Siangthou a ahung dim deuhdeuh toh kiton in, vaah haatzosem ahung taangsah a, huleh hagaulam sapum apat vaah ahung haat semsem hi. Mikhat thutah heetna a ahung dim chiangchiang ah, Pathian lim a mansahsa ahung mu kiit thei a huleh Pathian ta dihtah ahung hi thei hi.

Tahsalam Hinna Chi

Hinna chi huchu hagau laigil toh kibang khu ban ah, tahsalam hinna chi zong a um hi. Hichu pasal chi leh numei chi chihna ahi. Pathian in Amah toh kilungsiattuah thei diing a ta dihtahte neihna diingin mihing chituhna ana gellawh hi. Hih sil kiguanggalh sepdohna diingin, Ama'n mihingte hinna chi A pia a huchia ahung pun va huleh leitung a luahsuaahna diingun. Hagaulam munawng Pathian tenna mun chu gamgi tawp nei lou ahia, huleh hichu koimah a kiim a, a um louh inchu mun chimhuaitah ahi diing hi. Hikhu jiahin Pathian in Adam chu hagau hing in A siam a huleh Pathian in ta tampi A neihna theihna diingin a khang a khang in a pungsah hi.

Pathian in ta A deih chu a hagau si hung hing kiit mi, Pathian toh kihoumat thei, huleh vaangam lalgam a Amah toh kumtuang a kilungsiattuah a um thei mi ahi. Hutobang ta dihtah neihna diingin, Pathian in koipouh kawm ah hinna chi A pia a huleh Adam hun apat in mihing chituhna ana bawltou hi. David in hih lungsiatna leh Pathian siltup he in hichiin ana soi hi. "Nang ka hung phat diing hi; ajiahchu lauhuaitah leh limdangtaha siam ka hi; na natohte lah thumah tahtah ahi a; huchu ka hinnain ahechian mah mah hi." (Psalm 139:14).

2. Bangchidan a Mihing Hung Um Ahiai

Mihing khat chu midang khat apat a kibang siam theih ahi sih hi. A polam ah mihing toh kibang in bawltawm in um mahleh, hichu mihing ahi sih hi ajiahchu hikhu in hagau a nei sih diing hi. Mihing bawltawm chu ganhing toh a kikhiatna a um sih diing hi.

Hinna thah chu pasal chi leh numei chi ahung kigawm chiangin a kisiam hi. Hikhu mihing piching lim ahung hihna diingin naungeeh chu naubu sung ah ha kua a um a ngai hi. Mihing hung kipai apat naupang a ha ching ahung hih tandong a sil paitou jeldan i ngaihtuah chiangin Pathian silbawltheihna limdangtah i phawh thei uhi.

Ha khatna ah, khophawhtheihna ahung kisiam hi. Hih natohna bulpi zoh in a um a huchiin sisan, guhte, saphehte, siguite, huleh sunglam a zungjamte ahung kisiam thei hi. A ha nihna ah, lungphu ahung kipan a huleh mihing meel leh puam diing ahung kisiam hi. Hih hun ah, lutang leh khut leh keengte muhtheih in ahung um hi. A ha thumna ah a meel ahung kisiam hi. A lu, tahsapum, leh khut leh keengte amah leh amah in ahung taang thei a, huleh a zahmohte zong ahung kisiam hi.

A ha lina apat in a naubu ahung kisiam buching a, huchiin an petu ahung khang a, huleh naungeeh dung leh gihdan kintahin ahung khang hi. Tahsapum leh hinna natongsahtu a kahiang jousiah in na a ngeina bangin ahung sem hi. Thahnatna tahsa chu a ha ngana in ahung kisiam a huleh kho zaah theihna zong ahung kisiam in huleh silging ahung za thei hi. A ha guupna ah an gawitu ahung kisiam a huchiin kintahin khanna ahung um hi. A ha sagihna ah lutang a sam ahung pou a, la ahung kisiam toh kiton in ahung naahpan hi.

A ha giatna ah a zahmoh leh a khoza theihna ahung buching hi. Naungeeh chu a polam a silgingte ana he thei in a um hi. A ha kuana ah, a sam hung sah in, a sapum a samzangngatte a mang a, huleh a khut leh keengte ahung pum hi. Ha kua pumlum ahih zoh chiangin, naungeeh taangpi cm 50 vel in ahung saau huleh a tahsa gihdan sel 3.2 chu ahung piang hi.

Naungeeh Suul a Um chu Pathian a Hinna ahi

Tuni a siamna khan toh kiton in, mite'n ganhing bawltawm ah lungluutna liantah a nei uhi. Hizongleh, a ma a kisoi bangin, siamna bangchituhin hung khangtou mahleh, mihing bawltawm a um thei sih hi. Mihing a polam kilatdan meelpua in bawltawm um mahleh, hikhu in hagau a nei sih diing hi. Hagau tel lou in ganhing toh a kikhiatna a um sih hi.

Mihing khanna ah, ganhing dangte toh kibang lou in, mihing hagau piaahna hun khat a um hi. Naupai ha guupna ah, naungeeh in kahiang tuamtuam, a mai, leh khut leh keengte, a nei hi. Hichu hagau um theihna beel khat ahung suaah hi. Hih hun ah Pathian in hinna chi toh hagau a piaah hi. Bible in hih thu i muh theihna diing gelh ana nei hi. Hichu naungeeh haguup ching suul a um aw suaah ahi.

Luka 1:41-44 in hichiin a gial hi, "Huleh hichi ahung hia, Elizabeth in Mari chibai buuh ajaah tahin asunga naungeeh chu atawma; huleh Elizabeth chu Hagau Siangthou in ahung dimta a. Huleh aw ngaihtahin ahung haamdoh a, Numei lah ah hamphanu nahi, na gila gah zong ahampha hi. Ka Lalpa nu ka kawma na hung bangchi daan ahitaai? Ngaiin, na chibai hung buuh gin ka bila aluut tahin ka gilsunga naungeeh chu nuamin akitawm hi.'"

Hichu Jesu Siangthou Mari suul a, a um lai a huleh ha guup Baptistu Johan ana paaita Elizabeth a va veh a siltung ahi. Mari a hung a, a nu suul a um Baptistu Johan chu kipaah in a kitawm hi. Ama'n Jesu Mari suul a um a he a, huleh Hagau in a dim hi. Naungeeh piang nai lou chu hinna mai ahi sih a hizongleh hichu hagaulam mi naupaai ha guupna a zong Hagau a dim thei ahi. Mihing chu a kipaai apat Pathian a hinna ahi. Pathian chauh in hinna tung ah thuneihna A nei hi. Hujiahin, tuni a kilawm banga i ngaihtuah ahihlouh poimoh bangin kilang zongleh naungeeh suhkhiat louh diing ahi, ajiahchu naungeeh seen in hagau ana nei nai sih zongleh.

A ha-kua hun sung suul a naungeeh khan hun chu a poimoh mahmah hi. Amah chu a nu apat in a khanna diing poimoh bangkim piaah a ngai a, huchiin a nu'n an kiningching a neeh diing ahi. A nu lunggel leh ngaihtuahna in naungeeh nungchang, mihihna, huleh piltheihna a sukha hi. Hichu hagaulam ah zong ahi. Pathian lalgam natong leh haamtei gige nute apat naungeeh chu a taangpi in nungchang zaidohtheitahin a piang va huleh pilna leh damtheihna toh a khang uhi.

Hinna tunga thuneihna chu Pathian a chauh ahi a, hizongleh Amah chu mihing kivomna, pianna, leh khanna ah a kigolh sih hi. A sunglam hihna chu hinna-thahatna a nulepate chi a um ah a kinga hi. A piandan umdan dangte chu khoitah aha apat a lasawn ahi a huleh hute chu a kiim leh paam leh sildang huzaapna dungjuia hung kisiam ahi.

Pathian A Tuambiih a Kigolhna

Mikhat kivomna leh pianna a Pathian kigolhna biih khenkhat a um hi. Khatna ah, hih hun ahihleh nulehpate'n ginna toh Pathian a suhlungkim va huleh chihtahtah a, a haamtei hun uh ahi. Hannah, Vaihawmte hun a numei ana um chu, nau a neih theih louh jiahin lungkham leh nasa in a um a, huleh Pathian mai ah a hung a huleh chihtahtah in a haamtei hi. Ama'n thuchiam a bawl a, Pathian in tapa A piaah leh, a tapa chu Pathian mai ah a pe diing hi.

Pathian in a haamteina a dawng a huleh tapa nei diingin A gualzawl hi. A thuchiam bangin, a tapa Samuel in nawi a ngawlngawl in siampu kawm ah ahung pui a huleh Pathian suaah diingin a pekhia hi. Samuel chu naupangcha ahih apat in Pathian toh kizop in a um a huleh a nungin Israel jawlnei thupitah ahung suaah hi. Hannah in a thuchiam a koih bangjel in, Pathian in tapa thum leh tanu nih nei nalai diingin a gualzawl hi (1 Samuel 2:21).

A nihna ah, Pathian in A silbawlna diinga a koihtuamte hinkhua ah A kigolh hi. Hikhu heetsiamna diingin, 'teel a um' leh 'koihtuam a um' chih kikal kibatlouhna i heetsiam uh a ngai hi. Hichu Pathian teel Pathian in gamgi a siam a huchia khentuam um lou a, A gamgi siam sung a um mi koipouh A teel ahi. Etsahna diingin, Pathian in hutdamna gamgi a hung a huleh hih gamgi sunga hung luut photmah koipouh A hundam hi. Hujiahin, Jesu Khrist pomna jala hutdamna tangte leh Pathian Thu banga hingte chu 'teel' ahi uhi.

Khenkhatte'n Pathian in hutdam hi diingte leh hilou diingte guatsa in A nei chi'n a hekhial uhi. Lalpa khatvei na pom a ahihleh, Pathian Thu dungjuiin hing sih zong lechin, bangchizawng ahakhat a hutdam na hihna diingin Pathian in na A tong a chi uhi. Hizongleh hitobang ngaihtuahna chu dihlou ahi.

Koipouh, a mimal deihtelna toh, ginna hung nei leh hutdamna gamgi kihung sunga hung luut in hutdamna a nei diing uhi. Huchu, amaute Pathain in A 'teel' veh ahi uhi. Hizongleh hutdamna gamgi kihung sunga hung luut lou, ahihlouhleh a gamgi sung a khatvei hung luut a hizongleh khovel toh kilawmbawlna leh he pumpum leh tupmawnga sual bawl a peetmangte, a lampi va apat a kihei ngal louh uleh hutdam ahi thei sih diing uh.

Ahihleh, 'koihtuam a um' kichi bang ahita diai? Hichu, Pathian khovel um ma a, silbangkim he leh silbangkim lemguattu in, mi khenkhat ana teel a huleh a hinkhua lam chinteng ah A pui hi. Etsahna diingin, Abraham, Jakob, Israelte jousiah pa; huleh Mosi, Pawtdohna lamkaitu te chu Pathian in A silbawlna diinga mohpuaahna A piaah tuambiih suhbuchinna diing A koihtuam hi.

Pathian in silbangkim A he hi. Mihing chituhna natohna ah Ama'n mihing khangthu ah bangtobang mi hung piang diing huleh bangchih hun a hung piang diing chih A he hi. A siltup suhbuchinna diingin, Ama'n mi khenkhat A teel a huleh amaute'n a mohpuaahna thupitah a sepdohna diingun A phalsah hi. Hichibanga sehtuam a umte a diingin, Pathian chu a pian tuung va pat in hun teng ah a kigolh hi.

Romte 1:1 in hichiin a chi hi, "Paul, Khrist Jesu suaah, sawltaah diinga kouh, Pathian tanchinhoih diinga koihtuam." Soi ahih bangin, sawltaah Paul chu tanchinhoih thehdalh diinga Gentelte sawltaah a koihtuam ahi. Ajiahchu lungtang hangsan leh kiliinglou a neih jiahin, hahsatna soiguallouh phu diinga koihtuam ahi. Amah chu Thuhun Thah a lehkhabu tamzote gelhtu diinga mohpuahna leh tanmun piaah ahi. Huchiin a mohpuaahna zou in, Pathian in a naupang lai in amah hun a lehkha siampen, Gamaliel, nuai a zil diingin A koih hi.

Baptistu Johan zong Pathian in A koihtuam ahi. Pathian chu amah kivomna ah A kigolh a, huleh Pathian in a naupan lai apat in hinkhua chituam a hing diingin A umsah hi. A tangin gamdaai ah a um a, khovel toh kithuzaahna nei lou keei in. Ama'n sangawngsau vun puannaah in a nei a huleh savun kawnggaah a gaah a; huleh a an neeh chu khauphe leh gam khuaizu ahi. Hichibangin Jesu hung paina diing lampi ana sial hi.

Hichu Mosi hinkhua toh zong a kibang hi. Mosi pianna ah Pathian A kigolh hi. Amah chu lui ah khiat ahi a, hizongleh kumpi tanute'n a mu va, huchiin kumpi tapa ahung hi hi. Huleh huchi ahihvangin, amah chu a nu ngei in a don a huchiin Pathian leh a mipihte ngei tungtaang a zil thei hi. Aigupta kumpi tapa khat ahihna ah khovel heetna zong a dong hi. Soisa ahihbangin, koihtuam a umna chu Pathian in A thuneihna toh, mihing khangthu ah hun khat a bangtobang mi hung piang diing chih heetna toh mikhat hinkhua A pui chiang ahi.

3. Sialehpha Heetna

Mikhat a diinga Siamtu Pathian hawl a muh, Pathian lim neihkiit, huleh mi manpha hung hih diing chu bangtobang sialehpha heetna nei ahiai chih ah nasatahin a kinga hi.

Nulepate pasal chi leh numei chite in hinna-thahatna, a tate'n a laahsawn uh, a tuun hi. Hichu sialehpha heetna toh kibang ahi. Sialehpha heetna chu a hoih leh a sia khen theihna diing tehna ahi. Nulepate chu lung hoih mun nei a hinkho hoih a, a hin uleh, a tate chu sialehpha heetna hoih toh ahung pian uh a baihlam hi. Hujiahin, mikhat sialehpha heetna khentu lianpen chu mikhat in hinna-thahatna a nulepate vapat a laahsawn uh khu ahi.

Hizongleh a nulepate uh hinna-thahatna hoih toh piangkhawm zongleh uh, kiim leh paam hoih lou a puihuai touh ahih va, sil hoih lou tampi a za va huleh sil hoih lou a kiphum leh, a sialehpha heetna chu gilou toh a kitaatbaang diing a baihlam mahmah hi. A lehlam ah, kiim leh paam hoihtah, sil hoihte mu leh za a, khanletsah ahih va ahihleh, amaute'n sialehpha heetna hoih a neih uh a baihlam hi.

Sialehpha Heetna Kisiamdan

Sialehpha heetna tuamtuam chu mikhat piankhiatna a

nulepate, a khankhiatna a kiim leh paam, a sil muhte, zate, huleh zilte, leh a hoih sepdohna diinga a panlaahdan ah a kinga hi. Huchiin, nulepate hoih a piangte leh kiim leh paam hoih a khanletsahte, huleh mahni kithununte'n a sialehpha heetna uh juiin hoihna hawl uhi. Amaute a diingin, tanchinpha pom leh thutah in a kihensah a baihlam hi.

A taangpi in, mite'n sialehpha heetna chu i lungtang a, a hoihna lampang hi in a ngaihtuah maithei uhi, hizongleh Pathian mitmuh in hikhu ahi. Mipi khenkhat sialehpha heetna hoih a nei va huleh hoihna juihna diingin kaitu haatzaw a nei uhi, huchi ahih laiin, mi khenkhatte'n sialehpha heetna gilou nei in thudih juih sangin amau lawhna diing lam a jui zaw uhi.

Khenkhatte'n midangte sil neukhat laah diing ahih uleh zong sialehpha heetna ah nopsahlouhna a nei va, huchi ahih laiin khenkhatte'n hichu gutaatna ahi sih a huleh gilou zong ahi sih chiin a ngai uhi. Mite'n a hoih leh hoihlou kikal thutanna tehna tuamtuam chu a khankhiatna uh kiim leh paam jil in leh bangchi kihilh a hiviai chih zil in a nei uhi.

Mite'n a hoih leh gilou chu mikhat sialehpha heetna dungjuiin a khen uhi. Hizongleh mite'n sialehpha heetnate a tuam veh hi. Tawndan leh mun tuam dungjuiin kibatlouhna tampi a um hi, huleh a hoih leh gilou khenna ah tehna bukim ahi thei ngei sih uhi. Tehna dihtah chu Pathian Thu, huchu thudih ngei, chauh ah a um hi.

Difference between Heart and Conscience

Romte 7:21-24 in hichiin a chi hi, "Huchiin hi daan ka hung hedohta, silhoih ka bawl utlaiin giitlouhna ka kawmah ahung um veu ahi. Ajiahchu ka lungsimtah inchu Pathian daan tungah ka kipaah hi. Hizongleh ka tahsa hiangte ah daan tuam khat aum chih ka he hi; hukhuin ka lungsim daan adoua, huleh ka tahsa hiangtea um sualna daan kawmah suaahin ahung puui veu hi."

Hih chang apat in mihing lungtang bangchibang a kisiam ahiai chih i he thei hi. 'Mihing sunggil' hih chang a kisoi chu thutah lungtang, 'lungtang kaang' kichi thei Hagau Siangthou puina juih sawm khuh ahi. Hih mihing sungil chu hinna chi ahi. Huleh, 'sual daan,' thudihlou nei 'lungtang vom' kichi zong a um hi. 'Ka lungsim daan' zong a um hi. Sialehpha heetna chu silmanpha-buuhna, amah leh amah a kisiam ahi. Hichu sialehpha heetna ahi. Hichu 'lungtang kaang' leh 'lungtang vom' kitohhel ahi. Sialehpha heetna heetsiamna diingin, lungtang i heetsiam masat uh a ngai hi.

'Lungtang' chih thumal soichetna tampi dictionary ah a um hi. Hichu "siamna toh kibanglou nehnouna ahihlouhleh hoihna," ahihlouhleh "mikhat sungnungpen hihna, ngaihtuahna, ahihlouhna lungawnna" ahi. Hizongleh lungtang hagaulam umzia chu a tuam hi.

Pathian in mihng masapen Adam A siam in, hinna chi toh hagau A pia hi. Adam chu beel hawm tobang ahi a, huleh

Pathian in hagau heetna, lungsiatna, hoihna, huleh thudihna chihte A koih hi. Adam chu thudih chauh hilh ahihjiahin, a hinna chi in a hagau mahmah a sunga heetna um, a nei hi. thudih chauh toh dimsah a ahihjiahin, hagau toh lungtang kikal khenna a um a ngai sih hi. Thudihlouhna a um louh jiahin, sialehpha chih thu a um a ngai sih hi.

Hizongleh Adam a sual nung in, a hagau chu a lungtang ahung bang nawn sih hi. Pathian toh a kizopna ahung tan chiangin, thudih, a lungtang luahdim heetna hagau chu ahung kehdoh a huleh thudihlou huatna, enna, huleh luhlulna chihte'n a lungtang a luahsuan a huleh hinna chi a khuhmang hi. Thudihlou hung masang in, 'lungtang' chih thumal zat a ngai sih hi. A lungtang chu hagau mah ahi. Hizongleh thudihloute sualnate jiaha ahung luut zoh in, a hagau a sita hi, huleh huh hun a kipan in 'lungtang' chih thumal i hung zangpanta uhi.

Adam puuh nung mihingte lungtang chu 'thudih sangin, thudihlou, hinna chi khuhmang' dinmun ah ahung dingta hi huh umzia chu 'hagau luang in, hinna in hinna chi a khuhmang hi.' Baihlamtaha koih in, thudih lungtang chu lungtang kaang ahi a, huleh thudihlou lungtang chu lung vom ahi. Adam suante jousiah a puuh nung a piangte a diingin, a lungtang in thudih lungtang, thudihlou lungtang, huleh sialehpha heetna thudih leh thudihlou kitohhel a, a bawldoh uh, a nei uhi.

Hihna chu Sialehpha Heetna Kingahna ahi

Mikhat lungtang hihna bulpi chu a 'hihna' chiin a ngaihtheih hi. Mikhat hihna chu a laahsawn chauh in a buching sih hi. Hichu a khanna a mikhat in bangtobang sil a pom ei chihte in a kihengsah hi. Leitang umdan chu i behlap sil jiah a, a kihen dungjuiin, mikhat hihna chu a sil muhte, zaahte, leh tuaahkhate dungjuiin a kiheng hi.

Adam suan hih leitung a piangkhe jousiah in a nulepate uh hinna-thahatna tungtawn in thudih leh thudihlou kitohhel hihna a lasawn uhi. A langkhat ah, hihna hoih toh piangkhawm mahleh uhi, a kiim leh paam va sil giloute a pom va ahihleh a gilou diing uhi. A lehlam ah, kiim leh paam hoih a sil hoihte hilh ahih va ahihleh, gilou tawmtah chu amau vah phuhluut ahi diing hi. Michih hihna chu amau a thudihlou leh thudih kila kibehlapna tungtawn in a kiheng diing hi.

Sialehpha heetna chu mihing hihna i heetsiam masat leh a heetsiam baih hi, ajiahchu sialehpha heetna chu hihna tunga thukhenna tehna kibawl ahi. Na hihna sungnung ah thudih leh thudihlou heetna kila na pom a, huleh thukhenna tehna na siamdoh hi. Hichu sialehpha heetna ahi. Huchiin, mikhat sialehpha heetna ah, thudih lungtang, mikhat hihna apat gilou, huleh mahni-kidihsahna a um hi.

Nite a pai toh kiton in, khovel chu sualnate leh gilou in a dim deuhdeuh a, huleh mite sialehpha heetna chu ahung gilou deuhdeuh hi. Nulepate apat in gilou hihna a luahtou semsem va, huleh hu tengteng tung ah, a hinkhua vah thudihlouhna tamsem a pom uhi. Hih sil paitou jel chu a khang a khang in a paitou hi. A sialehpha heetna uh ahung giitlouh semsem a huleh a ngong deuhdeuh chiangin, amau a diingin tanchinhoih pom ahung hahsa deuhdeuh hi. Huchih naahsangin, amau a diingin Setan nate pom a huleh sual bawl ahung nuamzota hi.

4. Tahsalam Natohte

Mihing in sual a hung bawl chiangin, hagaulam lalgam daan dungjuiin sual man gawtna muh diing a um ngei diing hi. Pathian in a kisiihna diing leh sual a kiheisanna diinga hunlemtaang piaah tupna in A thuaah hamham hi, hizongleh gamgi kheng a, a pail eh, etkhiahna leh gawtna, ahihlouhleh siatna tuamtuam a um diing hi.

Mi koipouh sualna pianken toh a piang hi, ajiahchu mihing masapen Adam pianken sualna chu nulepate hinna-thahatna tungtawn in a tate uh tung ah a paisawn hi. Khatveivei naungeeh pai thei nai lou nasan in a lungthahna leh hehna, etsahna diingin, hah kah a kap in, a langsah chih i mu thei uhi. Khatveivei, naungeeh gilkial, leh kap i don louh leh, a naah thei lou diing khop in hah kah in ahung kap diing hi. Huzoh chiangin, a lungthah jiahin don theih louh kei in a um hi. Naungeeh piangtuung nasan in zong hitobang umdan a langsah uhi ajiahchu amaute'n lungtomna, huatna, ahihlouhleh thangsiatna a nulepate va pat a lasawn uhi. Hikhu jiah chu mihingte jousiah in a lungtang vah pianken sual a nei chiat uhi, huleh hichu sual bulpi ahi.

Huleh, mihingte'n ahung khanletna vah sual a bawl uhi. Siihhuup in siih them a huup bangin, tahsalam munawng a umte'n thudih lou a pom zing va huleh sual a bawl uhi. Hih 'mahni-bawl' sualte chu lungtang a sual leh natoh a sual in a khennen theih hi. Sual tuamtuamte'n a gihdan tuamtuam a nei uhi, huleh natoh a sual kibawlte chu vaihawmkhum in a um diing ahi (1 Korinthete 5:10). Natoh a sual kibawlte chu 'tahsa natohte' a kichi hi.

Tahsa leh Tahsa Natohte

Siamchiilbu 6:3 in hichiin a chi hi, "Huin Lalpa'n, Ka Hagau in mihingte abei kumkhua sih diing, ajiahchu amah zong sa ahi a: ahiin adam hun chu kum ja leh kum sawmnih ahi diing.'" Hitah ah, 'tahsa' kichi in tahsalam pumpi chauh a kawh sih hi. Hih umzia chu mihing chu tahsa mi sualna leh gilou a kinamnoih ahung suaah hi. Hutobang tahsa mi chu Pathian toh kumtuang in a teengkhawm thei sih hi, huleh hujiahin hutdam ahi thei sih uhi. Adam chu Eden Huan apat nohdoh ahih zoh leh hih leitung a, a teen nung khang tamlou zou in, a suante'n gangtahin tahsa natohte ahung tongpanta uhi.

Pathian in Noah, amah hun a diinga midihtat, chu kuang sui diing leh mite a sualna va pat a kihei diinga taihilh diingin A sawl hi. Hizongleh koimah Noah inkuante chihlouh ngal kuang sung ah a luut sih hi. Hagaulam daan 'sual man chu sihna ahi' (Romte 6:23) dungjuiin, Noah hun laia mi koipouh tuisaanglet a suhsiat ahi uhi.

Tuin, 'tahsa' kichi hagaulam umzia bang ahiai? Hikhu in 'mikhat lungtang a thudihlou um a natoh a kilangkhia' khu a kawh hi. Soidan chituam deuh in, thangsiatna, lungthah baihna, huatna, angkawm utna lungsim, luhlulna, huleh mihing sunglam a thudihlouhnate chu hiamngamna, haam hoihlou, angkawmna, ahihlouhleh tualthahna ah a kilangkhia hi. Hih tobang gamtatna jousiah chu a kigawm in 'tahsa' a kichi a, huleh hih natohte photmah tahsa natohna a kichi hi.

Hizongleh natoh a kilang lou sualnate, hizongleh lungsim leh ngaihtuahna chauh a kibawlte chu 'tahsa silte' a kichi hi. Tahsa silte nikhat ni chiangin tahsa natoh in a hung pawtkhe diinga, lungtang a, a taamden sung teng. Tahsa silte a kimzaw in Khenpi 2 'Hinna Kisiamdan' ah soi ahi diing hi.

Khatvei tahsa silte tahsa natoh banga taahlat ahih kalsiah, hichu dihtatlouhna leh daanbeina ahi. Lungtang a pianken sual hihna i neih va ahihleh, hichu dihtatlouhna ahi sih hi, hizongleh khatvei i sepdoh kalsiah, hichu dihtatlouhna ahi. Hih tahsa silte leh tahsa natohnate i paihmang louh va ahihleh, hichu Pathian leh i kal sualna baang kilemtou ahi. Huchiin, Setan in zehemmna leh etkhiahna hung kengtu hi ahung ngoh diing hi. Tuahsiatna i tuaah thei hi ajiahchu Pathian in ahung veeng thei sih hi. Pathian venbitna nuai a i um louh va ahihleh ziingchiangleh i tung vah bang a tung diai chih i he sih uhi. Hikhu jiahin i haamteina uh dawnbutna i tang thei sih uhi.

Tahsa Natohte Chetna

Khovel a gilou a um leh, sual chetna pipente laha khenkhat chu nu leh pa kipolhna leh thanghuaina ahi. Sodom leh Gomorrah te chu thanghuaina a dim ahi a, huleh kaat leh mei in suhsiat in a um hi. Pompeii khopi semawhte na et a ahihleh, bangtobang khotaang buaah leh ginalou ahiai chih ahung hesah uhi.

Galatiate 5:19-21 sung in tahsa natohte heetchetna a soi hi:

Huleh tahsa silbawlte chu akilang hi, huchu hite ahi; aangkawmna, kingaihna, thaanghuaina, huuhna. Milimbiaahna, bumna, muhdahna, kihauna, thangsiatna, lungthahna, kilanna, kikhinna, gintuamna, Deihgohna; tualthahna, jukhamna, eltol gualnop bawlna leh huchibang dang dangte ahi; huchibang silbawlte'n Pathian gam aluah sih diing uh, chi-a malaia ka hung hilh taah mah bangin, ka hung hilh khawl hi.

Tuni tanpha in hutobang tahsa natohte khovel ah a dim hi. Hutobang tahsa natohte etsahna khenkhat ka hung pe diing hi.

Khatna ah, hichu kingaihna ahi. Kingaihna chu tahsalam ahihlouhleh hagaulam sil ahi. Tahsalam ah, hikhu in angkawmna ahihlouhleh kipawlhna ahi. Kilungtuaah a umkhawmte zong paihmang theih ahi sih uhi. Tuni in, tangthubute, etnop silte, ahihlouhleh, lim kisuah te'n kipolhna chu lungsiatna kilawmtah bangin a suah va, huchiin mite chu sual lam ah a ngongsah a huleh a heetna uh a mawlsah hi. Huleh a kilawm lou silte kipolhna diing a lungluutsah zong a um hi.

Hizongleh gingtute a diingin hagaulam thanghuaina zong a um hi. Khutlam entu kawm a, a chiah va, vaangphatna diing taau a buh va, ahihlouhleh zawldeihai a neih va, ahihleh dawithu a bawl va ahihleh, huchiin hichu angkawmna ahi (1 Korinthete 10:21). Khristiante Pathian hinna, sihna, gualzawlna, huleh haamsiatna tunga thuneipa a, a kingah louh va, hizongleh milim leh dawite a, a kingah uleh, hichu hagaulam angkawmna, Pathian heem toh kibang ahi.

Nihna ah, siangthoulouhna chu lunggulhna zuihna leh sil dihlou tampi bawlna, huleh mikhat hinkhua thanghuaina thute leh natoh a, a dim chiang khu ahi. Hichu thanghuaina pangai tunga um, etsahna diingin, ganhing toh kipolhna, a hon a kipolhna, huleh tokohuuhna ahi (Siampubu 18:22-30). Sualna a tam semsem leh, mite thanghuaina lam ah a ngong semsem uhi.

Hi silte chu Pathian thumanlouhna leh A lang a dinna ahi (Romte 1:26-27). Hute chu hutdamna daltu sualnate (1 Korinthete 6:9-10), Pathian kihdahte ahi (Daanpiahkiitbu

13:18). Zahmoh kihenna diing kiatna, ahihlouhleh pasal in numei puansilh a silh, ahihlouhleh numeite'n pasal puansilhte a silh chu a bawn a Pathian zaahdah sil ahi (Daanpiahkiitbu 22:5).

Thumna ah, milimbiaahna chu Pathian mai a sil kidahhuai ahi. Tahsalam milim biaahna leh hagaulam milim biaahna a um hi.

Tahsalam milimbiaahna chu milim sing, suang, ahihlouhleh siih a kibawlte, Siamtu Pathian hawl sanga, a na uh tohsah a biaah ahi. (Pawtdohbu 20:4-5). Milim biaahna khawhtah in khang thum apat khang li tan a paisuh haamsiatna a tun diing hi. Milim hah biaah mahmah insung na et leh, meelma dawimangpa leh Setan in a tung va etkhiahna leh gawtna a tut diing a, huchiin huh buaina chu a insung vah a bei ngei sih hi. A diaahkhol in, inkuan sungmite lah ah dawimat tampi, lungtang buai ahihlouhleh zungolvei a um hi. Hutobang insung a piangte, Lalpa pom mahleh uh, meelmapa dawimangpa leh Setan in a subuai va, huleh ginna hinkho zat hahsa a sa uhi.

Hagaulam milim biaahna chu Pathian a gingtu khat in Pathian a lungsiat sanga sil dangkhat a lungsiatzaw khu ahi. Etnop, lim kisuah, kimawlna, ahihlouhleh a lungluutna uh dang a, a kisuhlim Lalpa ni a bohsiat uleh, ahihlouhleh ginna a, a ngaihzawngnu ahihlouhleh ngaihzawngpa jiah a, a mohpuaahna a ngaihsah louh va ahihleh, hichu hagaulam milim biaahna ahi. Hikhu ban ah, bangahakhat – inkuante, naupangte, khovel kisuhlimnate, van mantamtahte, thuneihna, minthanna, duhamna, ahihlouhleh heetna – Pathian sanga na ngaihzaw leh, huchiin hichu milim ahi.

Lina ah, kibumna chu hagau gilou panpihna ahihlouhleh thuzohna a diaahkhola dawithu bawlna diinga silbawltheihna zat ahi.

Pathian gingta na chih a khutlam-ente kawm a na chiah leh a dih sih hi. Gingloute mahmah in dawithu bawl in a tung vah siatna lianzaw a kitut uhi, ajiahchu kibumna in hagau gilou ahung pui hi.

Etsahna diingin, na buaina a venna diinga dawithu bangtobang ahakhat na bawl leh, huh buaina chu a paimang naahsangin siatlam a nawt deuhdeuh hi. Dawithu kibawl zoh chiangin, hagau gilou chu bangtanahakhat sung a dai a, hizongleh biaahna tamsem a ngahna diingin buaina lianzaw ahung tungsah hi. Khatveivei, sil hung tung diingte hung hilh bangin a um va, hagau gilou in malam hun diing a he sih hi. Hikhu jiah chu amau hagaulam mi ahihjiah uh ahi a huleh mihingte lungtang a he uhi, huchiin amaute'n mite chu a malam uh kihilh tobang in a gingtasah uhi, huchiin amaute biaah in ahung um thei uhi. Kibumna dawithu in midangte heemna theihna lampi a bawl thei hi, huleh hujiahin, hite tungtaang ah zong i pilvang diing uhi. Sil kiguanggalh jala koiahakhat kokhuuh a na kiatsah a ahihleh, hikhu chu tahsa natoh heetchetna khat ahi, huleh hichu nangmah ngei tunga siatna tutna diing lampi ahi.

Ngana ah, kimeelmatna chu a hoihlam, thanopna, huleh

kilunggual a kihuatna ahihlouhleh kimuhdahna ahi. Hichu midang suhsiat hileh chih deihna huleh taangtungsahna diing ahi. Meelmatna neite'n midang a deih louh uh jiah chauh un a hua uhi. Hutobang kihuatna gihdan chu lian mahmah zongleh, a puaahzaah diing thei ahi a, ahihlouhleh a awn thei hi.

Guupna ah, kituaahlouhna chu khatveivei a kha a huchiin hiamngamna toh kisualna ahihlouhleh kihuatna ahi. Hichu midangte'n ngaihdan tuam a neih jiah va kouhtuam a pawl tuamtuam bawlna. Amaute'n midang a soisia va huleh a mohpaih va huleh a siammohtan uhi. Huchiin, kouhtuam chu lawi tuamtuan in ahung kikhen diing hi.

Sagihna ah, lungsimtuam neihna chu a ngaihtuahna uh jui a lawi tuamtuam a khenna ahi. Inkuan nasan zong a kikhen a, huleh kouhtuam sung ah zong pawl tuamtuam a um hi. David tapa Absalom in amah lungdeihzawng jui in, a pa a heem a huleh a pa toh a kikhen uhi. Kumpi hih tum in a pa apat in a hel hi. Pathian hutobang mihing a nusia hi. A tawp in Absalom chu sihna dahhuaitah a tuaah hi.

Giatna ah, hichu pawltuamna ahi. Pawltuamna ahung kisiam chiangin, gindan dihlou ahung suaah thei hi. 2 Peter 2:1 in hichiin a chi hi, "Hizongleh mite laha zawlnei tahloute zong ana um veu mah bangin, na lahva zong houtu tahloute ahung um diing uh a, amahun chu, amahuh leipa Lalpa hilhial kiheetmohbawlin, siamlouh tangsahthei gintuamnate aguuhin ahung luutpih diing va, amahuh tungah thakhata siatna a tungsah diing uhi." Gindan dihlou chu Jesu Khrist nualna ahi (1 Johan 2:22-23; 4:2-3). Pathian gingta a kichi va hizongleh Pathian a Mithumte, ahihlouhleh Jesu Khrist A sisan toh hung leitu, a nual va, huchiin a tung va siatna gangta a kitut uhi. Bible in chiantahin gindan dihloute chu Jesu Khrist nuale ahi chiin ahung hilh hi, huchiin Pathian a Mithumte leh Jesu Khrist pomte chu pilvang loutahin i thutankhum sih diing uhi.

Kuana ah, thangsiatna chu enna natoh huaisetah ahung suaah chiangin ahi. Thangsiatna chu midang mahni sanga hoihzaw banga ahung kilat chianga nopsahlouhna neih leh mahni kikoih gamla leh midangte huat ahi. Hih thangsiatna ahung khan chiangin, midangte a diinga poi thei gamtatna tampi ahung um thei hi. Saul chu amah mi mahmah David thangsia in a um hi ajiahchu David chu amah sangin mite ngaihnatzaw in ahung um hi. David thahna diingin a sepaihte tanpha a zang a, huleh siampute leh khopi mite David ana seltute a suhsia hi.

Sawmna chu zukhamna ahi. Noah in tuichiim a tun nung in zukham jiahin sil a bawlkhial hi, huleh siatna khawhtah ahung tung hi. Ama'n a tapa nihna Ham a sualna taahlangtu a haamsiat hi

Ephesite 5:18 in hichiin a chi hi, "Huleh uain khamin um sih unla, hu a'chu kisuum louhna aum hi; hizongleh Hagau a dimin um jaw un." Khenkhat in nou khat chu a poi sih a chi maithei hi. Hizongleh hichu sual ahi thouthou hi, ajiahchu nou khat hiin nih hitaleh, khamna diing in zu na dawn ahi. Huban ah, zukhamte chu amau leh amau kideeh thei lou sualna tampi a bawl uhi.

Bible in zudawn toh kisai a soi hi, ajiahchu Israel ah tui dawn diing a tawm hi, huchiin tui sangin Pathian in amau a diingin zu zu A phalsah hi, huchu grape tui siang, ahihlouhleh chini umna theigah apat kibawl zu ahi (Daanpiahkiitbu 14:26). Hizongleh a tahtah in, Pathian in mi'n zu a dawn diing uh A phal sih hi (Siampubu 10:9; Kisimbu 6:3; Thupilte 23:31; Jeremiah 35:6; Daniel 1:8; Luka 1:15; Romte 14:21). Pathian in hun tuambiih ah zu neukhat chauh zat A phalsah hi. Hizongleh hute chu theigah apat a zu chauh ahi a, mite'n a tam dawn va ahihleh a kham diing uhi. Hikhu jiahin Israel mite'n tui sangin zu a dawn va, hizongleh kham diing leh amau leh amau kisuhlimna diinga a dawn uh ahi sih hi.

A tawpna a, nopbawlna chu zu, numei, lehkhakaap, leh etlahna sil dangte mahni-kideehna um kei lou nopchetna ahi. Hutobang mite'n mihing ahihna va a mohpuaahna uh a suhbuching thei sih uhi. Mahni-kithununna bei a na um leh hikhu zong nopbawlna ahi. Thanghuaina hinkhua na zat a, ahihlouhleh na deih dantaha hinkhua na zat leh, hih zong nopbawlna ahi. Lalpa na pom nung a hitobang hinkhua na zat leh, Pathian kawm a na lungtang na pia ahiai ahihlouhleh sualnate na paihmang thei sih hi, huleh huchiin Pathian lalgam na luah thei sih hi.

Pathian Lalgam Luah Thei Lou Chih Umzia

Tutan chiang ah tahsa natohte heetchetna ina enta uhi. Ahihleh, mite'n hutobang tahsa natohte a bawlna jiah uh bulpi bang ahiai? Ajiahchu amaute'n a lungtang vah Siamtu Pathian a koih nuam sih uhi. Romte 1:28-32 ah hichiin a kigial hi: "Huleh a lungsimva Pathian aheet utlouh jiahun Pathian in sil kilawmloute bawl diinga adeihlouh jawng lungsim neih phalin aumsanta hi. Dihtatlouhna jousiah, kingaihna jousiah, giitlouhna jousiah, duhaamna jousiah, kimuhdahna jousiaha dimin: thangsiatnate, tualthahnate, kinialnate, kiheemnate, mi siatna diing ngaihtuahnatein adimva, thuguuh soihaatte, misoisiathaatte, Pathian mudahte, simmoh haatte, kiliansahte, kisatheite, sil gilou pandohtute, nulepa thu mangloute, heetsiamna neiloute, thuchiam botsete, pianpih lungsiatna neiloute, hunlehai neiloute, khotuahna neiloute ahi uhi. Hutobang sil bawlte chu sitaah ahi chih Pathian vaihawmna he ngaalin, amah u'chauh bawl zong hilouin, mi dang hutobang bawlte zong akipaahpih uhi.

Hikhu in a taangpi in tahsa natohte na bawl a ahihleh Pathian lalgam na luah sih diing a chi hi. A dihtah in, hikhu chu ginna haatlou jala sual bangzahvei ahahkhat na bawl mana hutdam hi thei lou diing chihna ahi sih hi.

Gingtu thahte thutah hoihtaha he loute ahihlouhleh ginna a haatloute'n tahsa natohna a paihmang nai louh jiah va hutdamna mu lou diing ahi uh chih chu a dih sih hi. Mi jousiah in a ginna uh a pichin masang sualna a nei uhi, huleh Lalpa sisan kinga in a sual uh ngaihdam theih ahi. Hizongleh tahsa natohnate apat a, a kiheimang louh va a bawl zing uleh, hutdamna a mu thei sih uhi.

Sihna Tuttu Sualnate

1 Johan 5:16-17 in hichiin a chi hi, "Mi koipouhin a unau, sihna khop hilou sual bawla amuh inchu angetsah diinga, huchiin Ama'n sihna khop hilou sual bawlte diingin hinna ape diing hi. Sihna khop sual auma; hukhu diingin angetsah diing ka chi sih hi. Dihtatlouhna jousiah sual ahi; huleh sihna khop hilou sual zong aum hi." Gelh ahih bangin, sihna khop sual leh sihna khop hilou sual a um hi chih i mu thei uhi.

Tuin, sihna khop sualte, Pathian lalgam luahna diing hung daaltute, bang ahiai?

Hebraite 10:26-27 in hichiin a chi hi, "Bangjiahin ahiai ichihleh thutah heetna i neih nunga i sual teei teei inchu, sualnate diinga kithoihna aum nawn ta sih a, hizongleh vaihawmna ngaah jing lauhuai bangaha leh, doutute kaang mang diing lungthahna mei aum jaw ta diing hi. Sual chih he na zing a i bawl zom zing leh, Pathian douna ahi. Pathian in hutobang mite khawm kisiihna hagau A pe sih hi.

Hebraite 6:4-6 in zong hichiin a chi hi, "Bangjiahin ahiai ichihleh khatvei suhvaaha uma, vaan silpiaah chiamta a, Hagau

Siangthou tansaha uma, huleh Pathian thu hoih leh hun hung um diinga silbawltheihnate chiam haw chu, Apuuh va ahihleh, hute chu kisiih diinga siamthah gual ahi sih uhi; Pathian Tapa chu amahuh tuma kikilhbeh thah leh sumualphou ahihjiah un." Thutah na ngaihkhia a Hagau Siangthou natohte na tan nung a Pathian lang a na panleh, kisiihna hagau piaah in na um sih diinga, huleh huchiin hutdam na hi sih diing hi.

Hagau Siangthou natohna chu dawimangpa natohna ahihlouhleh gindan dihlou ahi na chih leh, hutdam na hi thei sam sih, ajiahchu hikhu Hagau Siangthou soisiatna leh douna ahi (Matthai 12:31-32).

Ngaihdam theih louh sual a um hi chih i heetsiam diing uh ahi huleh hutobang sualte chu i bawl hetlouh diing uh ahi. Huleh sualna neucha zong i kholkhawm va ahihleh sual huaisetah ahung suaah thei hi. Hujiahin, thutah sung a bangchihlaipouha i um diing uh ahi.

5. Chituhna

Mihing chituhna in hih leitung Pathian in ta dihtah siamdohna diinga mihing A siamna a silpaitou jousiah leh Vaihawmna ni tandong a mihing khangthu A etkoldan a kawh hi.

Chituhna chu loubawlmi in gimtaha haichi a chiinna

tungtawn a haichi a theh a huleh buhlaahna a neihna hung sungteng ahi. Pathian chi masa Adam leh Evi te hih leitung ah khanletsahna diinga A gimthuaahna tungtawn in ta dihtahte a aatna diingin ana chituh hi. Tuni tandong in, Ama'n mihing chituhna na ana sem hi. Pathian in mihing in thumanlouhna jalin dihtatlou diing ahi va huleh suhlungkham ahi diing chih ana he lawh hi. Hizongleh Ama'n mihingte hun tawptan in ana chituh hi ajiahchu Ama'n ta dihtah Pathian a lungsiatna utoh giitlouhna paihmang huleh Pathian lung nei ahung um diing chih A he hi.

Mihingte chu lei apat kiladoh leivui a siam ahi va, huchiin lei umdan tobang hihna a nei uhi. Loulai a haichitang na theh leh, haichi ahung pou diinga, khanglian in, gah ahung suang diing hi.

Lei in hinna thah bawldoh theihna diing silbawltheihna a nei chih i mu thei uhi. Huleh, lei umdan chu bangahakhat behlap in zong a kiheng thei hi. Hichibangin mihingte zong ahi. A lungthah jeljelte'n lungthahna nungchang a nei diing uhi. Zuau soi jeljelte'n amau ah zuauthu a hau diing uhi. Adam in sual a bawl zou in, amah leh a suante tahsa mi ahung suaah va huleh kintahin thudihlouhna a baang semsem uhi.

Hikhu jiahin mihingte'n 'mihing chituhna' tungtawn a, a lungtang a chituh va huleh hagau lungtang a neihthah uh a ngai hi. A tawp ah, hih leitung mihing kichituhna jiah chu a lungtang uh chituhna diing leh Adam in a puuh ma a, a neih lungtang siangthou a neihthahna diing uh ahi. Pathian in Bible a chituhna toh kizopna nei tehkhinthu ahung pia a huchia mihing chituhna silpiaah ahung pia i heetsiamna diingun (Matthai 13; Mark 4; Luka 8).

Matthai 13 ah, Jesu'n mihing lungtang chu lampigei, suangphom loulai, linglah loulai, leh lei hoih toh A tehkaah hi. Bangtobang lei i viai chih i kivel va huleh Pathian deihzawng lei hoih i kalh uh a ngai hi.

Lungtang – Loulai Chi Lite

Khatna ah, lampigei chu lei taahtah mihingte'n hung sawtpi ana tot uh ahi. A dihtah in, hichu loulai zong ahi sih hi, huleh hitah apat in haichi bangmah ahung poudoh sih diing hi. Hitah ah natoh diing bangmah a um sih hi.

Hagaulam ngaih in lampigei in tanchinpha pom het loute lungtang a kawh hi. A lungtang uh chu a kisahtheihnna leh kiletsahna in suhtaah in a um a huchiin tanchinhoih haichi theh ahi sih diing hi. Jesu hun lai in Juda lamkaite chu a ngaihdan uleh a tawndan utoh a luhlul mahmah va huchiin Jesu leh tanchinpha a po sih uhi. Tuni in, lampigei lungtang neite chu a luhlul mahmah va huchiin a lungsim hong lou in huleh Pathian silbawltheihna toh lah himahleh uh tanchinhoih a nual thouthou uhi.

Lampigei chu a taah mahmah a, huleh haichi chu lei ah

a tu thei sih hi. Hitah ah, vate'n Setan a kawh hi. Setan in Pathian Thu a lamang a huchiin mite'n ginna a nei thei sih uhi. Mite sawlhaatna jiahin biaah ahung kai va, hizongleh Pathian Thu kisoi a gingta nuam sih uhi. A ngaihdan uh pansan in thusoitute ahihlouhleh thu kisoi khu mohtangsah in a umzaw uhi. Lungtang khauh nei a huleh a lungsim uh hong loute'n hutdamna a tang thei sih uhi ajiahchu Thu haichitang in gah a suang thei sih hi.

Nihna ah, suangphomlah loulai chu lampigei sangin neukhat a hoihzaw deuh hi. Lampigei tobang mihing in Pathian thu pom utna mawngmawng a nei sih a, hizongleh suangphomlah loulai toh um koitobang in chu A thu a zaah khu a hesiam hi. Suangphomlah loulai a haichi na theh leh, haichi ahung poudoh diinga, hizongleh hoihtahin a khang thei sih hi. Mark 4:5-6 in hichiin a chi hi, "Huleh khenkhat suangsilei lah ah atu a, huleh lei asah louh jiahin apou pah a; Hizongleh ni ahung satin ahaivula, huleh jung aneih louh jiahin agogawp ta hi."

Suangphomlah lungtang neite'n Pathian Thu a hesiam va hizongleh ginna toh a pom thei sih uhi. Mark 4:17 in hichiin a chi hi, "...hizongleh amahvah jung anei sih va, tom takhat chauh aum va; hu nunga thu jiah-a gimthuahna ahung um chiangin apuuh pah uhi." Hitah ah, 'thu' kichi in Pathian Thu, "Khawlni tang in, sawmakhat a kim in pia in, milim be sin, midang na tohsah in huleh kingaingiam in," chihte a kawh hi. Pathian Thu a ngaih chiang un A Thu jui in a kingai va hizongleh hahsatna a tuaah chiang un a tupna uh a kembit thei sih uhi. Pathian khotuahna a tan chiang un a nuam va, hizongleh hun hahsa ah a lungput uh a hengpah uhi. A Thu a za un a he va, hizongleh a zuihna diingin haatna a nei sih uhi ajiahchu A Thu ginna tah bangin a lungtang vah chituh ahi sih hi.

Thumna ah, linglah loulai lungtang neite'n Pathian Thu a hesiam va huleh ahung jui uhi. Hizongleh a bukim in Pathian Thu a jui thei sih uhi, huleh gah kilawmtah a um sih hi. Mark 4:19 in hichiin a chi hi, says, "...Huleh khovel hinkhua ngaihtuahnate, hauhsat utna heemnate leh sil dang dang deihgohnate hung luutin thu chu adeep a, gahlouin aum veuta hi."

Hutobang lungtang-loulai neite Pathian Thu jui gingtu hoih bangin a kilang va, hizongleh etkhiahna leh sawina a tuaah va huleh a hagaulam khanna uh a awl hi. A jiah ahihleh khovel lungngaihna, hauhsatna heemna, leh sil dang ngaihnatna in heem in Pathian natohna dihtah a mukha sih uhi. Etsahna diingin, a sumdawnna uh a lohsam a huleh suangkul tanpha a taang uhi. Hitah ah, a dinmun in a leiba uh neukhat piaahkiitna diing lemchang a bawlsah a ahihleh, Setan in hikhu tungtawn in a heem a, baihlamtaha heempuuh in a um thei uhi. Pathian in bangchituha hahsa hizongleh dihtatna lampi a tot chiangun A panpih thei hi, hizongleh Setan heemna ah a kituluut uhi.

Pathian Thu zuih ut mahleh uh, ginna toh a zui thei sih uhi, ajiahchu a lungsim uh mihing ngaihtuahna in a dim hi. Pathian khut bangkim koih diingin haamteina a nei va, hizongleh a siltuaahte uleh a ngaihdan uh a zang uhi. A siltup uh a masa in a koih va, huchiin a tuung in sil hoihtahin pai bang mahleh, a pai hoih tahtah sih hi. Jakob 1:8 in chu hichibang mite lungsimthuah nei ahi uh a chi hi.

Ling neukhat ahung poudoh chiangin, a poina um talo lou in a lang hi. Hizongleh a hung khanlet chiangin, sil ahung kiheng veh hi. Singbuh ahung kisiamkhia a huchiin haichite khan diing ahung nang hi. Hujiahin, Pathian Thu i manna diing daal sil neukhat ahung um leh, neuchakhat bangin kilang mahleh kintaha i bohkhiatpah diing uh ahi.

Lina ah, lei hoih chu gam hoih loubawltu in hoihtaha a kalh lei ahi. A taahna chu let in a um a, huleh suangphom leh lingte laahdoh ahi. Hih umzia chu Pathian phal louh silte apat kihepmang a huleh Pathian in koihmang diing A chih silte koihmang ahi. Suang ahihlehlouh daltu dang a um sih a, huleh Pathian Thu ahung tuh chiangin, a kituh khu leh 30, 60, ahihlouhleh 100 in ahung gahsuah hi. Hutobang mite'n a haamteina uh dawnna a mu diing uhi.

Lei hoih lungtang bangtan chianga chituh i hiviai chih etna diingin Pathian Thu bangtan chiang a jui i hiviai chi i et diing uh ahi. Lei hoih tamsem na chituh a ahihleh, Pathian Thu toh kituaah a hin a nuam sem hi. Mi khenkhat in A Thu a he va, hizongleh gim, thasiat, ngaihtuahna dihloute, and lunggulhna jiahte in a jui thei sih uhi. Lei hoih lungtang neitei'n hutobang daalna a nei sih va, huchiin Pathian Thu a za utoh kiton in a jui ngal thei uhi. Pathian deihzawng leh Pathian lungkimna silte khatvei a heet va ahihleh, a bawl ngal uhi.

Na lungtang na chituh chiangin, nana huat mite na hung ngaina panta hi. Tuma a na ngaihdam theihlouhte tuin na hung ngaihdam theita hi. Thangsiatna leh midangte mohsahna chu lungsiatna leh hehpihna ahung suaahta diing hi. Lungsim khauh chu kingaihngiamna leh phatuamngaihna ahung suaahta diing hi. Hitobang a lungtang teeptanna diinga silgilou paihmang chu lungtang a lei hoih siamna lungtang chituhna ahi. Huchiin, lungtang lei hoih a Pathian Thu chi ahung tuh chiangin, ahung pou diinga huleh Hagau Siangthou gah kuate, leh Vaah gahte, nasataha hung suangin ahung khangpah diing hi.

Na lungtang lei hoih na suaahsah chiangin, tunglam apat in hagaulam ginna na mu thei hi. Huleh tunglam apat Pathian silbawltheihna kaikhesuh diingin naahpi in na haamtei thei hi. Hutobang mite chu mihing chituhna tungtawn a Pathian in buhlaah diinga A lunggulhte ahi uhi.

Beel Umdan: Lungtang Loulai

Lungtang chituhna a sil poimohtah khat chu beel tobang hihna ahi. Beel hihna chu beel kisiamna a van kizang khu toh a kibatna a um hi. Hikhu mikhat in bangchibang a Pathian Thu ngaikhia a, a lungsim a kem a, huleh jui ahiai chih a langsah hi.

Bible in sana, dangka, sing, ahihlouhleh tungman a kibawl beelte tehkaahna a gial hi (2 Timothi 2:20-21).

A bawn un Pathian Thu a za va, hizongleh a tuam chiat in a za uhi. Khenkhatte'n 'Amen' toh a pom va huchiin khenkhat in a ngaihtuahna uh toh a kituaahlouh jiahin a kitaalmangsah uhi. Khehkhatte'n lungluuttahin lungtang in a ngaikhia un a zuih sawm uhi huleh khenkhatte'n ahihleh thu kisoi chu hamphatna in a ngai va hizongleh kintahin a manghilh uhi.

Hih kibatlouhnate chu beel hihna chi tuamtuamte apat a hung ahi. Pathian Thu na zaahte na khawhngaih a ahihleh, A Thu chu lusukawm leh khawhngaihna bel na zaahte na lungtang ah a tuam a tuh in a um diing hi. Thusoi kibang na zaah zongleh, na lungtang sungnung a na koih leh ngaihzual maimai kikal ah a gahsuah a kibang sih diing hi.

Silbawlte 17:11 in hichiin a chi hi, "Hu mite chu Thessalonika khua a mite saangin ana hoihjaw va, lungsim kipaahtahin thu chu apomva, a thusoi uh chu adih leh dihlouh heetna diingin, nichinin Pathian lehkhathu ah ahawl veu uhi." Hebraite 2:1 in hichiin a chi hi, "Hujiahin i thu jaahsate ah lungluut taha phatuam i ngaih seem diing uh ahi, huchilouin chu i tolhmangsah jenjen kha diing uhi."

Pathian Thu lungluuttaha na ngaihkhia a, lungsim a na koih a, huleh ahi bangbang a na zuih leh huchiin beel umdan hoih nei ka hi na chi thei hi. Hutobang a beel umdan hoih neite'n Pathian Thu a mang va, huchiin lungtang lei hoih a chituhpah thei uhi.

Huchiin, lungtang lei hoih a neih chiangun, a lungtang sungnung vah Pathian Thu a keem thei va huleh a jui thei uhi.

Beel umdan hoih in lei hoih chiinna a panpih a, huleh lei hoih in zong beel umdan hoih chiinna a panpih hi. Luka 2:19 in hichia a soi bangin, "Hizongleh Mari in hih silte jousiah a lungtang a khawlkhawm a huleh a ngaihtuah zing hi," Siangthou Mari in a lungsim ah Pathian Thu kepna diing beel hoih ana nei hi, huleh ama'n Hagau Siangthou tungtawn in Jesu vomna diingin gualzawlna a dong hi.

1 Korinthete 3:9 in hichiin a chi hi, "Ajiahchu kei uh Pathian natohpihte ka hi va; noute Pathian loulai, Pathian inn na hi uhi." Eite chu Pathian in haichi A chiinna loulai i hi uhi. Lei hoih tobangin lungtang siang leh hoih, huleh sana beel tobangin beel hoih i nei thei va huleh lungsim Pathian Thu i ngaihkhiah va i kep va huleh i zuih va ahihleh zatna hoih a diingin zat in i um thei uhi.

Lungtang Umdan: Beel Letdan

Beel umdan toh kisai in ngaihdan dangkhat a um hi. Hichu mikhat in bangtan a a lungtang sulian a huleh zang ahiai. Beel umdan chu beel kibawlna vanzat toh kisai ahi a huleh lungtang umdan chu beel letdan toh kisai ahi. Hichu chi li in a kikhen thei hi.

Khen khatna chu a bawl diing va kilawm sanga tamzaw bawlte ahi uhi. Hichu lungtang umdan hoihpen ahi. Etsahna diingin, nulepate'n a tate uh tuanglai a niin tom diingin a sawl uhi. Huchiin, tate'n niin a paihkhia uh chauh hilou in pindon sung zong a susiang uhi. Nulepate lametna sanga tamzaw a bawl va, huchiin a nulepate uh a kipaahsah hi. Stephen leh Phillip te'n dikon maimai ahi va, hizongleh amaute chu sawltaahte banga ginum leh siangthou ahi uhi. Pathian mitmuh a kipaahna hi in huleh silbawltehihna, chiamchihna leh silmah thupitah a bawl uhi.

A nihna chu a bawldawl uh chauh bawlte ahi uh. Hutobang mite'n a mohpuaahna uh chauh a sem va, hizongleh midangte ahihlouhleh a kiim uh a ngaihsah sih uhi. Nulepate'n niin tom diinga a sawl uleh, niin a tom uhi. A thumanna uh heet ahi va, hizongleh Pathian a diingin kipaahna thupizaw ahi thei sih uhi. Gingtu khenkhatte kouhtuam ah hitobang a umte ahi va; a mohpuaahna uh chauh zou in sildang bangmah a ngaihsah sih uhi. Hutobang mite Pathian mitmuh in kipaahna nasatah ahi thei sih uhi.

A thumna chu mohpuaahna a ngai a, a bawl diing dawl uh bawlte ahi uhi. A mohpuaahna uh nuam leh kipaah in bawl sih va hizongleh soiseelna leh phunna toh a bawl uhi. Hutobang mite chu sil jousiah ah a selam chauh ngaihtuah in a um va huleh kiphalna nei lou leh midangte panpihna ah a tasam uhi. Mohpuaahna piaah ahih va ahihleh, mohpuaahna a ngai in a semkhia va, hizongleh midangte a diingin nuamsahlouhna a tut jel uhi. Pathian in i lungtang a en hi. Amah chu kiphuutluihna a ngaihna ahihlouhelh mohpuaahna a ngaihna sangin Pathian lungsiatna jal mohpuaahna suhbuchinna ah A kipaah hi.

Lina chu silgilou bawlte ahi uhi. Hutobang mite'n bangmah mohpuaahna a ngaihna ahihlouhleh mohpuaahna a nei sih uhi. Midangte khawhngaihna zong a nei sam sih uhi. Amau ngaihdan leh heetdan chauh a paipih va huleh midangte hahsatna a tut uhi. Hutobang mite pastor ahihlouhleh lamkai kouhtuam mite enkolte ahung hih va ahihleh, lungsiatna toh midangte a keem thei sih va huchiin mite mangthangsahin ahihlouhleh a puuhsah uhi. Midangte tung ah silkhat ahung tung chiangin a moh a pia va huchiin a mohpuaahna uh a tawpsan uhi. Hujiahin, amaute mohpuaahna piaahlouh chu a hoihzaw hi.

Tuin, bangtobang lungtang umdan i nei viai chih i kivel diing uhi. I lungtang uh lian beehbeeh sih mahleh, lungtang lianzaw in i kiheng thei uhi. Hutobang i bawl theihna diingin, i lungtang uh i suhsiang uh a ngai a huleh beel umdan hoih i neih a ngai hi. Beel umdan hoih lou nei pum in lungtang umdan hoih i nei thei sih uhi. Huleh i sep bangkim a kilatkhiaahna leh lungluutna toh i kilatkhiah va ahihleh hichu lungtang umdan hoih chituhna lampi ahi.

Lungtang umdan hoih neite'n Pathian mai ah sil thupitah a bawl thei va huleh nasatahin Pathian a phat thei uhi. Hichu Joseph dinmun ahi. Joseph chu a sanggamte ngei khut apat in

Aigupta ah zuaah ahi, huleh Potiphar, Pharaoh veengtu sepaih saappa, suaah ahung hi hi. Hizongleh amah chu suaah diinga zuaah a um jiahin a hinkhua tungtaang ah hasia in a um sih hi. Ama'n a mohpuaahna ginumtahin a bawl a huchiin a pu in a muang a, huleh amah chu innsung a silbangkim tung ah enkoltu a guan ahi. A khonung in dihloutaha ngoh leh suangkul a khum in a um hi, hizongleh a ngeina bangin a ginum a, huleh a tawp in Aigupta a vaihawmtu lian in ahung pang hi. Ama'n a gam uh leh a inkote chu kial nasatah apat in a hundam a huleh Israel gam siamdohna diingin a bulpi a phut hi.

Ama'n lungtang umdan hoih ana nei lou hileh, a pu in ana piaah bangmah a tongdoh sih diing hi. Aigupta ah suaah bangin ahihlouhleh suangkul taangin ana si maithei hi. Hizongleh Joseph chu nasatahin Pathian in a zang hi ajiahchu ama'n silbangkim ah Pathian mitmuha a hoih theipen in ana tong a huleh lungtang liantah toh a gamtaang hi.

Buhtah ahihlouhleh Buhsi?

Pathian in mihingte hih tahsalam munawng ah Adam puuh nungin hun sawtpi ana chituh hi. A hun ahung tun chiangin, buhsi apat in buhtah ahung khen diinga huleh buhtah chu vaan lalgam ah in hichiin a chi hi, "A khutin a pasiseep atawia, a phual chu ajaap siang tinten diing; huleh a buhte chu a pangah akoihkhawm diinga; Hizongleh asii chu mei mitthei louin ahaaltum diing hi."

Hitah ah, buhtah in Pathian lungsiat a huleh thutah a hing diinga A Thu juite a soi hi. A lehlam ah, Pathian Thu banga hing lou a hizongleh gilou a hing a huleh thutah dungjuia hing loute, huleh Jesu Khrist pom loute leh tahsa natoh tongtute chu buhsi ahi uhi.

Pathian in mi koipouh buhtah hi diing leh hutdamna tang diingin A deih hi (1 Timothi2:4). Hichu loubawlmi in loulai a, a buhchi theh jousiah a bawn a laah ut toh kibang ahi. Hizongleh buh laah hun ahung hih in buuhsi chauh a um hi, huleh hichibangin mihing chituhna ah mi jousiah chu hutdam theih buhtah ahung hi veh sih diing hi.

Mihing chituhna a hikhu i heetdoh louh va ahihleh, koihahakhat in hitobang dotna a dong thei hi, "Pathian chu lungsiatna ahi a kichi a, huleh bang diinga khenkhat hundam a huleh a dangte siatna lampi a paisah ahiai? Hizongleh mimal hutdamna chu Pathian in A deihna banga A khentan theih ahi sih hi. Mi koipouh deihtelna a um ahi. Koipouh tahsalam munawng a hing in Vaangam ahihlouhleh Meidiil lampi a tel diing ahi.

Jesu'n Matthai 7:21 ah hichiin ana soi hi, "Lalpa, Lalpa, hung chi nazong vaan gamah aluut sih diing uh; Hizongleh ka Pa vaana um deihjawng bawlte chu aluut diing uhi," huleh Matthai 13:49-50, "Khovel tawp chiangin hutobangin aum diing hi; angelte chu ahung diing va, migiloute chu midihtatte lahapat akhenkhe diing uh. Huleh amahuh chu haaltuina meiah apaai diing uh; hu-ah chu kah leh hagawi aum diing."

Hitah ah, 'midihtat' kichi in gingtute a kawh hi. Hih umzia chu Pathian in gingtute lah ah buhtah apat in buhsi a khen diing hi. Amaute'n Jesu Khrist pom in biaahinn kai mahleh uh, Pathian deihzawng a bawl louh va ahihleh gilou ahi thouthou uhi. Amaute chu buhsi Meidiil meikuang a paihluut diinge ahi uhi. Here, 'the righteous' refers to the believers.

Pathian in Siamtu Pathian lungtang, mihing chituhna silbawlsah leh hinkhua siltup chu Bible tungtawn in ahung hilh hi. Ama'n beel umdan hoih leh lungtang umdan hoih chituh a huleh Pathian tate dihtah – vaan lalgam a buhtahte - a hung umdoh diingin ahung deih hi. Hizongleh hih khovel sualna leh daanbeina a dim ah mihing bangzahte'n sil umze neiloute ana delhta viai? Ajiah ahihleh amaute chu a hinna un a thuneihkhum uhi.

Hagau, Hinna, huleh Sapum: Khil 1

Khen 2

Hinna Kisiamdan
(Tahsalam Munawng Hinna Natohdan)

Mihingte ngaihtuahna khoi a hung kipan ahiai?
Ka Hinna a Khangtou Ei?

"Suangtuahnate leh Pathian heetna doudaala
loupitaha kibawl sil saang chintengte paaikhiain,
ngaihtuahna chinteng
Khrist thumanna suaaha puuiin;
Huleh na thumanna uh
suhbukim ahih chianga,
thumanglou jousiah phuba la diinga
kipeihsa-a umin."
(2 Korinthete 10:5-6)

Bung 1
Hinna Kisiamdan

Mihing hagau sih a kipat in, a hinna in tahsalam munawng a hing kawm in mihing pu hihna a lata hi. Hinna chu Setan thuzohna nuai ah hung um a, huleh mihingte'n hinna natohdan tuamtuam ahung nei hi.

1. Hinna Soichianna

2. Tahsalam Munawng a Hinna Natohdan Tuamtuamte

3. Mialna

Silsiam ba chihte a neeh diing uh a ging zang a mute i muh chiangin; salmon va leh va dangdangte meel a sang a sim leeng a, a pianna leh khankhiatna mun va hung kileh kiit, huleh ngeitaal minit khat sung chauh a sangkhat vei phial sing tuh i muh chiangin Pathian silsiam limdangdan i mu uhi.

Mihingte chu hi silte tengteng tunga thunei diinga siam ahi uhi. A polam tahsa kilatdan in mihing chu humpi ahihlouhleh kamkei bangin a haat sih uhi. A khozaahna ahihlouhleh a gimheetna uh ui banga vaah ahi sih hi. Ahihvangin, amaute chu silsiamte tunga lal a kichi hi.

Hikhu jiah ahihleh amau in hagau leh lunggel theihna chu a sangzaw a huaahbuuh natohna toh a nei uhi. Mihingte'n pilna a nei va huleh sil jousiah tung vaihawm diingin siamna leh khantouhna a nei uhi. Hih mihing ngaihtuahna phel chu 'hinna' toh a kizop hi.

1. Hinna Soichianna

Huaahbuuh a sil cheptehna khawl, cheptehna a um heetna,

huleh heetna lakhawm a ngaihtuahna kisiam jousiah chu a bawn in 'hinna' a kichi hi.

Hagau, hinna, leh sapum chiantaha i heetsiamna diing uh jiah ahihleh hinna natohnate hoihtaha i heetsiamna diing uh ahi. Hichibanga bawl in, Pathian in A lunggulh hinna natohdan i muhdoh kiit thei uhi. Hinna tungtawn a Setan hung thuneihkhumna apat i kikoihmang theihna diingun, i hagau uh chu i pu uh ahung hih a huleh i hinna tunga vai a hawm diing ahi.

Merriam-Webster's Dictionary in 'hinna' chu 'muhtheihlouh hihna, suhhingtu tha, ahihlouhleh mimal hinkhua natongsah; hagaulam tha mihingte, ngaihtuahna nei leh hagaulam mite jousiah, ahihlouhleh khovel pumpi a um khu ahi,' chiin a hilhchian hi. Hizongleh Bible in hinna umzia a soi chu hite apat in a tuam hi.

Pathian in mihing huaahbuuh A sil cheptehna khawl A koih hi. Huaahbuuh in sil heetzingna natoh a nei hi. Hichibangin mihingte'n khawlkhawmna khawl ah heetna a koih in huleh a ladohkiit thei hi. Sil cheptehna khawl a kikhawlte laahdoh kiit ahih chiangin, hichu 'ngaihtuahna' a kichi hi. A tahtah in, ngaihtuahna chu cheptehna a silte laahdoh kiitna leh heetdohna ahi. Cheptehna khawl, a sung a heetna um, huleh heetna kiladoh kiit te a bawn a soina in 'hinna' a kichi hi.

Mihing hinna chu computer sil kikhawlkhawm, hawlna, huleh kizang toh a tehkaah theih hi. Mihingte'n hinna a nei va huchiin sil chiamteh leh ngaihtuah thei in a um uhi, huleh hujiahin hinna chu mihingte a diingin lungtang mahbangin a poimoh hi.

Mi khat in sil bangzah ana mu a, za a, huleh ana khawl ahiai chih dungjuiin, huleh hutobang silte bangchituh a hoih a ana chiamteh leh zang ahiai chih ah a sil chepteh theihna leh pilna midangte a toh kibang lou a neih a kinga hi. Pilna Tehna (Intelligence Quotient) ahihlouh IQ chu goukiluahsan a kinga ahi, hizongleh siamzilna leh siltuaahte jalin zong a kiheng thei hi. Mi nih chu IQ dinmun kibang in piang mahleh uh, a IQ uh chu a hahpanna uh jalin a chituam thei sih hi.

Hinna Natohdan Poimohna

Hinna natohdan chu cheptehna khawl a bangtobang sil kithun dungjuiin a tuam hi. Mite'n silte mu in, za in, huleh a he va huleh sil tampi nitengin a chiamteh uhi. Hute chu maban a silgeelna diingin ahihlouhleh a dih leh dihlou ngaihtuahna leh heetna in a hedoh kiit uhi.

Sapum chu beel hagau leh hinna kithunna tobang ahi. Hinna in ngaihtuahna tungtawn in, mikhat umdan, mihihna, leh thukhenna 'ngaihtuahna' natohna siamna ah poimohna liantah a nei hi. Mikhat lohchinna ahihlouhleh lohsapna chu mikhat hinna natohdante ah a kinga naah mahmah hi.

Hichu kho neuchakhat, Kodamuri kichi, Kolkata, India apat a 110 km simtumlam a um a, 1920 kum a siltung ahi. Pastor Singh leh a zi chu hutah a missionary ahi va, huleh amau in a khomite apat in siha mihing tobang, suangkohawm a ngeihon toh teengkhawm a um chih a za uhi. Pastor Singh in hu siha a man a, amaute chu mihing numei nih uhi uhi.

Pastor Singh in a sil gelhna bu a kep ah, numeite chu a polam a mihing bang kilang giap ahi uhi. A umdan jousiah uh chu ngei tobang ahi. Khat pen a sipah a, huleh a khat pen chu Gamara kichi ahi a Singhte toh kum kua sung a khosakhawm uhi hu zoh in sisan tobang gu uremia kichi jiahin a si hi.

Suun chiangin Gamara in pindan mial sung ah baang lam nga in huleh, taang keei lou in, a ihmu jel hi. Hizongleh zaan chiangin, inn kiim ah a vaah huleh gaal apat ngei haam kiza bang chet in a haam hi. A khutte zang lou in an a liaahthoh hi. A 'khutchin' lite zang in ngei bang in a tai jel hi. Naupang khenkhat in a va naih chiangin, a ha a gialkhum a huleh a mun a nuse jel hi.

Singhte'n hih ngei numei chu mihing tahtah bangin a bawl sawm va, hizongleh a baih het sih hi. Kum thum zoh in a khutte zang in an ahung ne theipan hi, huleh kum nga zoh in a maisuah apat in a dah ahihlouhleh a nuamna ahung kilang hi. Gamara in a sih hun tan a, a lungput a kilatsahdan chu a poimoh mahmah hi, huchu ui pu mu banga a meimong kipaahtah pei leuhleuh toh a kibang hi.

Hih tangthu in mihing hinna in mihingte mihing a hihna diingun thuzohna tangtah a nei chih ahung hilh hi. Gamara in ngeite umdan mu in a khanglian hi. Ama'n mihingte a diinga mamoh heetna a neih theihlouh jiahin, a hinna a khanglian thei sih hi. Ngeite'n ana khanletsah uh ahihjiahin, ngei banga a um louhngal bangmah dang ahi thei sih hi.

Mihingte leh Ganhingte Kibatlouhna

Mihingte'n hagau, hinna, leh sapum a nei uhi. Hiteng laha poimohpen chu hagau ahi. Mihingte hagau chu Pathian hagau hipa'n A pia ahia huleh hikhu a mit thei sih hi. Sapum a si a huleh leivui khutdim khat a suaah kiit hi, hizongleh hagau leh hinna a um zing a huleh Vaangam ahihlouhleh Meidiil ah a pai hi.

Pathian in ganhingte A siam in, mihingte bangin Ama'n hinna hu A haihkhum sih a, huchiin ganhingte'n tahsapum leh hinna chauh a nei uhi. Ganhingte'n cheptehna mun a huaahbuuh vah a nei uhi. A hinkhua va a sil muhte uleh a zate uh a chiamteh thei uhi. Hizongleh hagau a neih louh jiahun, hagaulam lungtang a nei sih uhi. A muhte uleh a zate uh chu a huaahbuuh va cheptehna mun ah a kikhol hi.

Thusoitu 3:21 in hichiin a chi, "Mihing hagau tunglamah apai tou a, huleh gamsate hagau nuailamah a paisuh chih kuan ahiai he?" Hih chang in 'mihing huhaih' a soi hi. 'Huhaih' thumal, mihing hinna ensahtu, chu zat ahih jiah ahihleh, Jesu lei a ahung ma Thuhun Lui hun ah, hagau mihingte a um chu a 'si' ahi. Hujiahin, hutdam hi in hi sih taleh, a sih chiangun a 'huhaih' ahihlouhleh 'hinna' in a nusia a kichi hi. Mihing hinna 'tunglam a paitou' in a hinna uh a mangthang sih a hizongleh Vaangam ahihlouhleh Meidiil ah a pai chihna ahi. A langkhat ah, ganhingte hinna chu lei a chiahsuh hi, huh umzia chu a mangthang hi chihna ahi. Ganhingte a sih chiangun a huaahbuuh zungzam uh a si a huleh a huaahbuuh va sil ana um teng a beimang veh hi. Hinna natohna bangmah a nei nawn sih uhi. Khangthu tangthu ahihlouhleh tangthu te'n, meeng vom ahihlouhleh guul in mihingte tung ah phuba a la hi, hizongleh hutobang tangthute chu a dih a ngaih diing ahi sih hi.

Ganhingte'n hinna natohna a nei uhi, hizongleh a suaahtatna diing va poimoh chauh natohna ahi. Sih diing lauhna pianken ah a nei va. Suhlau a, a um chiang un ana kiveeng va, ahihlouhleh lauhna a langsah uhi hizongleh phuba a la thei sih uhi. Ganhingte'n hagau a nei va, hizongleh Pathian a hawl kei sih uhi. Ngate'n tui a leuh lai un Pathian muhna diing a ngaihtuah diviai? Mihing chu, bangchibang hizongleh hinna natohna lam chituampi nei ahi, huchu ganhingte sanga a thuuhzaw ahi. Mihingte'n khosuaahna diing ngaihtuahna mai chauh hilou silte ngaihtuah theihna a nei uhi. Khangtou thei in a um va, hinkhua umzia a ngaihtuah thei va, ahihlouhleh piln ahihlouhleh sahkhua ngaihtuahn a siamdoh thei uhi.

Mihingte'n a sangzaw ahi hinna natohdan a nei uhi a jiahchu, a sapum uleh hinna ban ah, hagau toh um ahi uhi. Pathian gingta loute'n zong hagau a nei uhi. Hukhu in bangtanahakhat ah hagaulam lalgam mawltaha a phawh theihdan uleh sih nung a hinkhua diing a lauh theihdan uh a soichian hi. Hagau a si tobang toh a hinna un a bawn in a thuneihkhum hi. Hinna thuneihkhum a um in, sual a bawl va huleh a tawp ah Meidiil ah a luut uhi.

Hinna Mi

Adam siam ahih in, Pathian toh kihou hagaulam mi ahi. A hagau chu a pu ahi a huleh hinna chu hagau thumang suaah tobng ahi. A dihtahin, huchih hun in zong hinna in cheptehna leh ngaihtuahna a nei hi, hizongleh hinna chauh in hagau Pathian Thu mang khu thupiaahte a jui hi.

Hizongleh Adam in sia leh pha heetna singkung apat a neeh zoh in a hagau a si hi, huchiin Setan in a thuneihkhum hinna mi ahung suaahta hi. Ngaithuahna leh thudihlouh natohte ahung laluut pan hi. Hizongleh, mihingte hinna chu hagau sisa a te a hita va huleh Pathian apat hagau heetna a nei thei nawn sih uhi.

Hinna mihingte a hagau uh sisate'n hutdamna a tang thei sih uhi. Kouhtuam masa lai a Anania leh Sapphira zong hutobang ahi uhi. Setan chiilsa in Hagau Siangthou leh Pathian kawm ah a zuau uhi. A tung vah bang a tung ei?

Silbawlte 5:4-5 ah hichia gelh ahi, "A um sung siah nanga hi jing lou ahiai mah? na juah nungin zong na thu thuin aum sih eimah? bang diinga hi thute na lungtanga ngaihtuah? mihing heem na hi sih a, Pathian heem na hi jaw, achi a. Huleh, Anania in hu thu ajaah tahin apuuh a, asita a; huleh, hu thu ja jousiah chu alau mahmah ta uhi."

'A hu tawpna a lata,' kichi ahihjiahin, amah chu hutdam ahi sih a kichi thei hi. A lehlam ah, Stephen chu hagau a mi Pathian deihzawng bawl ahi. Ama'n amah suanga seplumte a diinga ngetsah theihna lungsiatna kiningching a nei hi. Ama'n thah a um laiin Lalpa kawm ah a 'hagau' a kolsah hi.

Silbawlte 7:59 in hichiin a chi hi, "Huleh, Stephen in, Lalpa Jesu ka hagau lain, chi a Pathian akouh laiin suangin asep souhsouh uhi!" Ama'n Jesu Khrist pom in Hagau Siangthou a tang a huleh a hagau chu suhhingkiit in a um hi, huleh hichiin a haamtei hi, ".... ka hagau hingsah kiit in!" Hih umzia chu, amah chu hutdam ahi. 'Hinna' ahihlouhleh 'hagau' chih sanga 'hinkhua' kichihna chang khat a um hi. Elijah in Zarephath meithainu tapa a suhhingkiit in, naupangpa hinkhua ahung kilehkiit hi a kichi. "LALPA'N Elijah aw A za a, huleh naupangpa hinkhua ahung kilehkiit a huleh suhhingkiit in a um hi (1 Kumpipate 17:22).

A kisoita bangin, Thuhun Lui hun ah, mite'n Hagau Siangthou ana tang sih va, huleh a hagau uh suhhingkiit theih ana hi sih hi. Hujiahin, Bible in naupang chu hutdam himahleh 'hagau' ana chi sih hi.

Bang Diinga Pathian in Amalekmite Suhchimit Diinga Thu Piaah Ahiai?

Aigupta apat Israel tate ahung pawtdoh va Canaan lam zuan a ahung pai lai un, Amalekmite sepaihte a lampi vah ana ding uhi. Amaute'n Aigupta a Pathian natohna tungtaang za mahleh uh Israel tate toh um Pathian lauhna a nei sih uhi. Amaute'n Israel tate khualzin lampai chau leh bathe a nunglam vapat in ana dou uhi (Daanpiahkiitbu 25:17-18).

Pathian in Kumpipa Saul kawm ah Amalekmite chu hujiahin suhchimit diingin A sawl hi (1 Samuel Bung 15). Pathian pasal, numeite leh naupangte jousiah leh a gantate nasan uh that veh diingin thu ana piaah hi.

Hagau tungtaang i heetsiam louh va ahihleh, hutobang thupiaah i hesiam thei sih uhi. "Pathian a hoih a huleh lungsiatna ahi. Huchi ahihleh bang diinga Ama'n hutobang thupiaah mite ganhingte bangmai a thah diing thu piaah ahiai?" chiin limdang a sa maithei uhi.

Hizongleh, hih siltung hagaulam umzia na heetsiam va ahihleh, Pathian in bang diinga hutobang a thu piaah ahiai chih na hesiam diing hi. Ganhingte'n zong chepteh theihna a nei uhi, huchiin sil chiamteh diing leh a pute uh thu mang diinga zilsah ahih chiang un. Hizongleh hagau a neih louh jiahun, leivui khutdim khat in a kiihkiit uhi. Pathian mitmuh in a manphatna bei ahi uhi. Huchibang in, a hagau uh site huleh hutdam theih louhte chu Meidiil ah a ke diing uhi, huleh ganhing hagaubeite bangin, Pathian mitmuh in manphatna nei lou ahi uhi.

Amalekmite chu a diaah in pilkhel leh huham ahi uhi. Bangtanvei hun piaah in um mahleh uh, a tuung a tobang in kiheina ahihlouhleh kisiihna diing hun lemchang piaah ahi nawn sih uhi. Mi khat beeh a dihtat ahihlouhleh koiaha kisiih nachang he thei ahihlouhleh a lampi apat kihei thei um leh, Pathian in A hutdamna diing lampi A hawl hamham diing hi. Pathian thuchiam midihtat sawm a umleh Sodam leh Gomorrah sualna a dim khopi A suse sih diing chih hedoh in.

Pathian chu hehpihna a dim a huleh Amah chu A thangpai pahpah sih hi. Hizongleh huh Amelekmite a diingin, bangtanvei hun kipe zongleh amaute a diingin hutdamna tan theihna diing hun lemchang a um kei sih hi. Amaute chu buhtah ahi sih va hizongleh buhsi suhsiat a um diingte ahi uhi. Hujiahin Pathian in Amalekmite Pathian doutute suhsiatna diing thu A piaah hi.

Thusoitu 3:18 in hichiin a gial hi, "Mihing tapate tungthu ah gamsa mei ahi uh chih akiheet theihna diingun Pathian in amahuh a suhlang theih nadiingin ahi, ka lungtangin ka chi hi." Pathian in A etkhiaah laiin, ganhingte toh a kikhiatna uh a um sih hi. A hagau uh sisate chu a hinna uleh a sapum chauh uh toh a khosa uhi, huchiin amaute chu ganhingte tobang in a gamtaang uhi. A dihtah in, hih khovel sualna-a dim ah tuni in, ganhingte sanga zong khawhzaw mihing tampi a um hi. Amaute chu chiangtahin hutdam theih ahi sih uhi. A langkhat ah, ganhingte a si va huleh a mang veh uhi. A lehlam ah, hutdam ahih louh va ahihleh, mihingte chu Meidiil ah a pai uhi. A tawpna ah, ganhingte sangin a dinmun uh a sezaw hi.

2. Tahsalam Munawng a Hinna Natohdan Chi Tuamtuamte

Mihing masapen ah, hagau mihing pu ahi a, hizongleh Adam sualna jiahin, a hagau a sita hi. Hagaulam tha chu a hung kehdoh a, huleh tahsalam tha in a mun ahung luah hi. Huhun apat in hinna natohna thutahlou a um ahung kipan hi.

Hinna natohdan chi nih a um hi. Khat chu tahsa ah a um a huleh khat pen ahihleh hagau ah a um hi. Adam chu hagau hing ahih laiin, amah chu Pathian apat in tangtahin thudih chauh toh sil muhsah in a um hi. Hichibangin, hagau a um hinna natohdna chauh a nei hi. Huchiin hih hinna natohnate chu thudih ah a um hi. Hizongleh hagau ahung sih in, hinna natohnate thudihlou a umte ahung kipan hi.

Luka 4:6 ah hichia gelh ahi, "Huin diabol in akawmah, Hi jousiah tunga thuneihna leh aloupina chu ka hung pe diing: ka kawma piahkhiaah ahita ngaala; huleh ka piah nuam taphot kawmah ka pe veu hi." Hichu dawimangpa'n Jesu a hemna ahi. Dawimangpa'n a kawm ah thuneihna piaah ahi, huleh a tuunga apat piaah ahi sih chih a soi hi. Adam chu silsiam chinteng tung a thunei a siam ahi, hizongleh ama'n sual thu ana man jiahin dawimangpa suaah ahung hi hi. Hikhu jiahin Adam thuneihna chu dawimangpa leh Setan kawm kawma piaahkhiaah ahi. Huh a kipat in hinna chu mihingte pu ahung hi a huleh mihingte jousiah chu meelma dawimangpa leh Setan thuneihna nuai ah ahung um hi.

Setan in hagau tung ah thu a nei thei sih ahihlouhleh mihing lungtang dih tung ah thunei ahi. Hikhu in mihingte hinna tung ah a lungtang uh lamang diingin a thuneihkhum hi. Mihingte hinna natohdan tanpha a mantaang a, mihingte lungtang zong a thuneihkhum hi.

Adam chu hagau hing ahih laiin, thudih heetna chauh ana nei hi, huleh huchiin a lungtang ngei chu a hagau ahi. Hizongleh Pathian toh a kizopna uh ahung tan phet in, thudih heetna ahihlouhleh hagaulam tha piaah in a um thei nawn sih hi. Huchih naah sangin, Setan in hinna tungtawn a, a piaah thudihlou heetna ahung pom hi. Hih thudihlou heetna in mihingte lungtangte ah thudihlou lungtang ahung siamdoh hi.

Tahsa a Um Hinna Natohna Susia In

Na soi tup louh ahihlouhleh na bawl tup louh pi silkhat na na heetlouh in na soi in ahihlouhleh na bawlkha ngei ei? A hichih jiah ahihleh mihingte chu hinna in a thuneihkhum jiah ahi. Hinna in hagau a khuhkhum jiahin, tahsa a um hinna natohna ahung siatgawp tahchiangin i hagau ahung thathou thei giap hi. Huchiin, tahsa a um hinna natohnate bangchiin i suse thei diai? A poimohpen chu i heetna leh ngaihdan uh a dih sih chih i heet diing uh ahi. Huchiangin thudih Thu, i ngaihdan va pat chituam khu, pom diinga kimansa in i thei giap uhi.

Jesu'n mihingte ngaihdan dihlou suhsiatna diingin tehkhinthu a zang hi (Matthai 13:34). Hagaulam silte i hesiam thei sih uhi ajiahchu a hinna chi chu uh hinna in a suhsia a, huchiin Jesu'n hih khovel silte zang in tehkhinthu tungtawn in heetsiam sah a sawm hi. Hizongleh Pharisaite leh A nungjuite'n a hesiam sih uhi. Ngaihdan pomdetsa leh thudihlou tahsalam ngaihtuahna tehna zang in sil bangkim a hilhchian uhi, huleh huchiin hagaulam sil bangmah a hesiam thei sih uhi.

Hu laia daanmite'n Sabbath ni damlou khat a suhdam jiahin Jesu a mohpaih uhi. Ngaihtuahna taangpi toh na ngaihtuah a ahihleh, Jesu chu Pathian in A heet leh A lungsiat mi ahi chi na mu thei hi ajiahchu Ama'n Pathian chauh in A bawl theih silbawltheihna A nei hi. Hizongleh daanmite'n upate tawndan leh a lungputzia uh jiahin Pathian lungtang a hesiam thei sih uhi. Jesu'n a ngaihdan uleh a amau-heetdante heetsiamsah a tum hi.

Luka 13:15-16 in hichiin a soi hi, "Huphetin Lalpa'n amah adawnga, Nang milepchiah, khawlni in na bawng uh aha, na sabiltung uh aha, akhihna apat suutin tui dawnsah diingin na puikhe veu uh hilou ahiai mah? Hi numei Abraham tanu ahih toh, ngaiin, Setanin kum sawmlegiat sung amat chu khawlni a a gaahna suutsah louh diing ahiai mah?"

Hikhu A chih chiangin, A lang a pang jousiah chu suhmualphou in a um va; huleh mipite tengteng Amah sil thupi bawlna tung ah a kipaah veh uhi. A dihtahin, amaute'n a lungsim putzia dihloute uh heetdohna diing hun lemchang a mu uhi. Jesu'n mihing ngaihtuahna suhsiat a tum hi ajiahchu a ngaihtuahna uh suhsiat veh ahih chiangin a lungtang uh ahung kihong pan diing hi.

Thupuandoh 3:20, hichi banga kigial i en diing uhi:

Ngaiin, kotkhaah bula diingin ka kiu hi; mi koipouhin ka aw ajaah a, kot ahon inchu akawmah ka luut diinga, amah toh nitaah ann ka ne diinga, huleh ama'n zong kei toh ane diing hi.

Hih chang ah, 'kot' kichi in ngaihtuahna kotkhaah, 'hinna' kichi a soikha hi. Lalpa'n thudih Thu toh i ngaihtuahna kot a kiu hi. Hih laitah ah i ngaihtuahna kot i hon va, huchia i hinna uh i suhsiat va huleh Lalpa Thu i pom va ahihleh, i lungtang uh kot ahung kihong diing hi. Hichibangin, A Thu i lungtang a ahung luut chiangin, Pathian thu i hung juipan uhi. Hichu Lalpa toh 'an neehkhawmna ahi. 'Amen' chih toh A Thu i pom va ahihleh, i ngaihtuahna ahihlouhleh ngaihdante toh A Thu kituaah sih zongleh, huchiin, hinna natohdan dihloute i suse thei hi.

A kisoisa bangin, i ngaihtuahna uh kot i hon masat uh a ngai a hu zoh chiangin i lungtang kot uh i hong diing uhi, huchiin tanchinhoih in hinna chi, mihingte hinna a umkiimveel khu, a jelpha thei hi. Hichu innleeng in a midang inn a va veh toh a kibang hi. Inn neitu in innleeng pindan sung a puiluutna diinga a polam a um lamtuaah diinga a va zot a, kotpi a va hong, inn sung a, a luut a, huleh kotkhaah zong a honsah a ngai hi.

Tahsa a um hinna natohnate suhsiat diingdan lampi tampi a um hi. Mite a ngaihtuahna kot honna diing leh a lungtang uh tanchinhoih pomna diinga kot honna diingin, mi khenkhat a diingin ngilneitaha hilhchianna a hoihzaw a huleh mi khenkhat a diingin Pathian silbawltheihna lah ahihlouhleh etsahna ahihlouhleh tehkhinthu piaah a hoihzaw hi. Huleh, tanchinhoh pomsate a diingin ginna khanna ah hinna natohna dihloute suhsiat zingzing a ngai hi. Gingtu tampi ginna leh hagau a khang gige lou a um uhi. Hikhu ahihna jiah ahihleh amaute'n tahsa a um hinna natohna jaihin hagaulam heetdoh zingna a nei sih uhi.

Cheptehnate Kisiamdohdan

Hinna natohna deihhuaite neihna diingin, heetna cheptehna banga um zing khu bang ahiai chih i heet uh a ngai hi. Khatveivei silkhat i mu un ahihlouhleh i za ngei uhi, ahihvangin, a khonung chiangin bangmah i hepha nawn sih uhi. A lehlam ah, sil khenkhat hung sawtpi zoh nung in zong manghilh lou in chiangtahin i he nalai uhi. Hih kibatlouhna chu i cheptehna va sil i guanluutdan va pat hung kuan ahi.

Cheptehna a sil guanluutdan khatna chu tuplouhpi a heetkhiahna ahi. Silkhat i za ahihlouhleh i mu va, hizongleh i ngaihsah het sih uhi. Na inn lam zuan in rel ah na paita hi. Buh leh haichi dang kichiinna loulai na mu hi. Hizongleh ngaihtuahna dang in a luah leh, na innmun na tun chiangin rel a na tuan laia na muhte na he thei nawn sih hi. Huleh, zillai naupang chu class sung a sil dang ngaihtuah a, a um uleh, class sung a bang kisoi ahiai chih a chiamteh thei sih uhi.

Nihna ah, cheptehna umzual a um hi. Kotta apat buhlei na muh chiangin, na nulepate toh na gelkhawm thei hi. Na pa loulai a nasem na geldoh a, huleh huzoh chiangin na muhte bangmah nah eta sih hi. Huleh class sung a, naupangte'n houtupa thusoi bangmah a he tahtah sih uhi. A class zoh chiangun a thuzaah uh a he va, ahihvangin ni tamlou zoh chiangin a manghilh diing uhi.

Thumna ah, hichu cheptehna phuhluutna ahi. Nang zong loubawlmi na hih leh, buh leh haichi dang kichiinna loulai na muh chiangin, na muhte ah na lungluut diing hi. Bangchibanga hoih a loulai etkol a um ahiai chih na en diinga, ahihlouhleh bangtobang singnou kisuanna inn kibawl ahiai chih na en diing hi, huleh na loubawlna ah hutobang in bawl na sawm diing hi. Na lung a luut diinga huleh na huaahbuuh ah, a phuumluut diinga, huchiin na inn na tun zoh chiangin a kimzaw in na chiamteh thei diing hi. Huleh class sung ah, houtupa'n hichiin a chi hi chinih, "Class zoh chiangin kietkhiahna i nei diing uh. Dawnna dihlou khat jel ah mark nga paih ahi diing hi." Huchiin, zillai naupangte class a kihilhna ah a lungluut un huleh chepteh a sawm diing uhi. Hitobang cheptehna chu a masa a sangin a um sawtzaw maithei uhi.

Lina ah, hichu huaahbuuh leh lungtangg a phumluutna ahi. Dahna thu khat cinema na en chi ni. A tangvalpa na hehpih mahmah a huchiin a tangthu ah nang zong va luutthuuh in huchi hah kah in na kahpih hi. Hitobang dinmun ah, a tangthu chu na cheptehna chauh hilou in na lungtang ah zong phumluut ahi. Huchiin, lungtang leh na huaahbuuh zungzam ah ngaihtuahna toh phumluut ahi. Naahpi a cheptehna leh lungtang a kiphumluut silte chu huaahbuuh segawp ahih ngal louhleh a um zing diing hi. Huleh huaahbuuh se zongleh, lungtang a um chu a thaam zing hi.

Lampi tuahsiatna a, a nu si chu naupang in a muhkha ahihleh, bangchituhin a lungphawng diai! Hitobang dinmun ah, siltung leh ngaihtuahna dahhuai chu a lungtang ah phumluut ahi diing hi. Hichu a cheptehna leh lungtang ah phumluut ahi diinga huchiin amah a diingin manghilh a hahsa mahmah diing hi. Sil cheptehna daan lite i enta uhi. Hikhu hoihtaha i heetsiam va ahihleh, hinna natohna thuzohna ah ahung panpih diing hi.

Na Manghilh Nop Silte, Hizongleh Na Phawh Gigete

Khatveivei, i phawh nop louh silte i phawhdoh zing uhi. Bang jiah ahiai? Ajiahchu ahihleh hichu huaahbuuh leh lungtang ah nehnouna toh phumluut ahi.

Mikhat na mahmah hi. Amah na ngaihtuahkha tengin, amah na huat jiahin na gim hi. Hitobang dinmun ah, Pathian Thu na ngaihtuah masat a ngai hi. Pathian in i meetmate tanpha lungsiat diingin ahung hilh hi, huleh Jesu'n Amah kilhbettute ngaihdam ahihna tanpha uh A thumpih hi. Pathian in A deihzawng lungtang chu hoihna leh lungsiatna ahi, hujiahin meelmapa dawimangpa leh Setan in ahung piaah lungtang dihlou i bohdoh diing uh ahi.

Hun tamzaw ah, a bulpi hoihtaha i suut leh midangte chu sil neucha jiahte in i hua uhi. Pathian Thu dungjuiin i mang sih uhi chih I Korinthete Bung 13 a kisoi banga midangte lawhna diing i hawl va huleh nunnem diing leh midang i heetsiam diing uh ahi chih i ngaihtuah uleh i hedoh thei uhi. Dihtattahin i gamtaang sih uh chih i heetdoh utoh kiton in, i lungtang va huatna um chu a zulmang thei hi. A masapen in hoihna i ngaihtuah va huleh phumluut va ahihleh, ngaihtuah gilou jiahin i gim sih diing uhi. Midangte'n na deihlouh uh sil bawl mahleh uh, amaute tung ah ngaihtuahna hoih a lunggel na phumluut a, "A jiah khat um diing ahi," na chih leh huatna na nei sih diing hi.

Thudihlou toh Phumluut Kichi I Heet Diing Uh Ahi

Tunin, thudihlou lunggel toh i phumluutsa thudihlou toh kisai bang i bawl diing a diai?

Na lungtang sungnung a thuuhtah a silkhat na phumluut a ahihleh, na heet ut louh pumpum in heetdohsahin na um diing hi. Hitobang dinmun ah, huh tungtaang lunggel i hen diing uh ahi. Ngaihtuah louh tupna sangin, ngaihtuahna heng zaw in. Etsahna diingin, na huat mi khat toh kisai na heng thei hi. Amah dinmun apat in na hung ngaihtuah thei a huleh huchiin huchibanga gamta ahihdan na hung hesiam diing hi.

Huleh, a thugel hoihte na hung ngaihtuah thei a huleh amah a diingin zong na haamtei hi. Aw neemtah leh damhuaitaha thu na soi sawm chiangin, silpiaah neukhat piaah inla huleh lungsiatna natoh langsah in, huleh huatna lunggel chu lungsiatna lunggel ahung suaah diing hi. Huchiin, amah na geldoh chiangin na gim nawn sih diing hi.

Lalpa ka pom masangin, kum sagih lupna nga a ka um laiin, mi tampi kana hua hi. Ka damdoh thei sih a huleh hihkhua kinepna jousiah ka tangkha sih hi. Leiba ka neih chauh ahung pung a huleh ka innsung a buai dehtah hi. Ka ji in neeh a hawl a huleh ka tanaute'n kou inkuan ahung ngai sih uhi ajiahchu kou chi amau a diinga puaaahgih gauntu ka hi uhi.

Ka sanggamte toh ka kikal va silhoih umte a bawn in a keehzaahta hi. Huchih laiin ka hahsatna chauh ka ngaihtuah a, huleh kei ahung nuutsiat jiahun ka ho mahmah hi. Ka zi a va jail a hung nuse veu leh a inkhuanpihte thu hoihlou tahtah toh ka lungtang sunate tung ka lungkim sih mahmah mai hi. Muhsitna mit toh ahung et uh ka muh chiangin, ka huattha leh muhdahta a suaah deuhdeuh hi. Hizongleh nikhat ka lungkimlouhna leh huatna tengteng a paimang hi.

Lalpa ka hung pom a huleh Pathian Thu ka hung ngaihkhiaah chiangin, ka dihlouhna ka hung mudoh hi. Pathian in i meelmate nasan lungsiat diingin ahung hilh a huleh A Tapa tang neihsun ei a diinga kithoihna in ahung piaah hi. Hizongleh kei bangtobang mi ka hiai huchia muhdahna nei a huleh lungkimlouhna ka neih! Amaute dinmun apat in ka hung ngaihtuah panta hi. Sanggam numei khat ka nei a pasal mantheihlouh khat a nei hi chi nih. A hinna diing va na hah toh a, a toh a ngai hi. Huchi hileh, a dinmun bangtobang ahi diai chih na ngaihtuah ei? Amau dinmun apat a ka ngaihtuah chiangin, ka hesiam thei hi, huleh a dihlou tengteng chu

Ka ngaihtuahna ka hung hen chiangin, ka zi inkote tung ah ka kilehpaah hi. Khatveivei antang ahihlouhleh a poimoh dangte ahung na piaah va, huleh hujiahin ka kipaah hi. Huleh, huh hun hahsate jiahin zong, Lalpa ka hung pom a huleh Vaangam thu ka hung he hi, huleh hujiahin zong ka kipaah hi. Ka lungsim ka hung hen chiangin, ka damlouh ka kipaah a huleh ka zi ka muh ka kipaah hi. Ka huatna jousiah lungsiatna in ahung kiheng hi.

Thudihlou A Um Hinna Natohnate

Thudihlou a um hinna natohnate na neih leh, nangmah chauh na kisuhliam hilou in hizongleh na kiim a um mite na suliam hi. Hujiahin, tuin thudihlou a um hinna natohnate i niteng hinkhua va i muhte dinmunte i ngaihtuah diing uhi.

Khatna ah, midangte heetsiamlouhna leh heetsiam theihlouhna ahihlouhleh midangte pom theihlouhna ahi.

Mite'n sildih tungtaang ah duhdan, ngaihsangdan, leh

pomdan tuamtuam a nei uhi. Mi khenkhat in puan hoihtah, zem chituam deuh a deih va a huchih laiin khenkhatte'n zem mawltah leh feltah a deih uhi. Cinema kibang chiatchiat zong khenkhat a diingin a nuam mahmah hizongleh khenkhat a diingin a chimhuai hi.

Hitobang kibatlouhna jiahin, i heetlouh kalin midangte ei toh kibangloute tung ah nuammohsahna ana kineikha jel hi. Mi khenkhat chu a mizia uh mi kihongtah ahi va huleh a deihlouhte uh tangtahin a soi pahpah uhi. Midang khenkhatte'n a ngaihdan uh hoihtahin a soi sih va huleh silkhat a thupuuhna diingun hun sawtpi a la uhi ajiahchu a bukim sil hithei teng a ngaihtuah masa uhi. A langkhat ah, a masate ngaih in, a nunungzote chu a zeawl va ahihlouhleh a kinoh huntawh sih uhi. A lehlam ah, a nunungzote'n a masazote kinoh talua leh nohhaat deuh a sa va huleh a kipolhpih nuam sih uhi.

Tehkhinna a kisoi bangin, midangte na heetsiam theihlouh a na pom theih louh leh thudihlou a um hinna natohna ahi. I deihte chauh i deih va ahihleh, huleh i ngaihdan va dihte chauh dih diinga i ngaihtuah va ahihleh midang i hesiam un ahihlouhleh i pom tahtah thei sih uhi.

Nihna ah, midangte ngohbawl.

Midang ngohbawlna chu eimah lunggel ahihlouhleh ngaihdan a kinga a mikhat hichi ahi chia thutanna bawl ahi. Gam khenkhat ah anneehna dohkaan a tou lai a nap niit chu sil kilawmloutah ahi. Gam dang khenkhat ah, a khawh het sih hi. Gam khenkhat ah an suhthang chu sil kilawm lou ahih laiin gam dang khenkhat ah a poina a um sih a huleh an neukhat a val nuutsiat chu umdan siamna a ngaih ahi.

Mikhat in midang khat a khut a an ne mu in khut a an ne siangthou lou hilou maw a chi hi. Huchiin ama'n a dawng a, "Ka khut ka sil hujiahin a siangthou hi chih ka he hi. Hizongleh hih siihkhe ahihlouhleh tem chu bangchituha siangthou ahiai chih ka he sih hi. Hujiahin, ka khut chu a siangthouzaw hi." Bangtobang mun a khanglian a huleh bangtobang silte i zil va, ngaihdan leh ngaihtuahna i neih uh dungjuiin dinmun kibang ah zong i chituam diing uhi. Hujiahin, mihingte tehna, a dih hilou, pansan in a dih leh a dihlou i khen sih diing uhi.

Khenkhatte'n midangte'n zong amau hih bangbang hih diing sa in thukhenna a bawl uhi. Zuau soi mite'n midangte zong zuau soi diingin a ngaihtuah diing uhi.

Etsahna in pasal khat leh numei khat na heet hoih mahmah hotel ah dingkhawm na mu hi. Hichibanga ngaihtuah in, "Hotel a umkhawm hi diing ahi uh. A chituam deuh in a kientuah un ka ngaihtuah," chiin ngaihdan na bawl hi.

Hizongleh hu mipa leh numei in coffee kizuaahna hotel ah kihoulimna a neih uh ahihlouhleh lampi ah kituaahkha zual ahih un na soi theihna diing lampi a um sih hi. Amaute gel tung a thu na khen a na mohpaih a huleh midangte kawm a hu thu na soidalh a ahihleh huh mite tung ah dihloutah, sildihlou ahihlouhna manna na thuzuau jiahin na tut ahi.

Thutanna jiahin dawnna kituaahlou zong a hung piang thei

hi. Mikhat natong diinga hung vaigei khat kawm a, "Bang chih hun a hung na hiai?" chia na dot leh, "Tuni'n ka vaigei sih," chiin ahung dawng maithei hi. Bangchih hun a hung ahiai chih chauh na dot ahi a, hizongleh ama'n chu ahung mohpaihsa ahi chia ana ngaihtuah in dawnna kituaah lou pi toh ahung dawng hi.

1 Korinthete 4:5 ah hichia gelh ahi, "Hujiahin ahun main, Lalpa hung masiahin, bangma enkhe sih un, ama'n chu miala sil kiphualte vaah ah ahung podoh diinga, huleh lungtanga ngaihtuahte zong ahung sulang diing hi; hu hun chiangin michinin Pathian phatna atang chiat diing uhi."

Khovel ah kimohsahna leh siamlouh kitansahna tampi petmah a um hi, mimal kaal chauh ah hilou in hizongleh inkuan, khotaang, gam leh nam, huleh gamte chiang ah zong. Hutobang giitlouhna in kinialna giap ahung tut a huleh nopsahlouhna ahung tut hi. Mihingte midang mohsahna liantah toh amau heet louh in ana um veu uhi. A dihtahin, a mohsahna uh khatveivei a dih maithei a, hizongleh a tamzaw ah a dih sih hi. Dih zongleh uh, mohsahna chu Pathian in A phal sih hi, huleh huchiin koimah i mohsah louh diing uh ahi.

Thumna ah, mohpaihna ahi.

Mite'n amau ngaihtuahna toh midangte a mohsah chauh uh hilou in hizongleh mohpaih nalai uhi. Mi khenkhat chu web a a tungtaang uh hoihloutaha a kisoi jiahin lungtang ah nasatahin a thuaah veu uhi. Midang mohsahna leh mohpaihna chu i niteng hinkhua vah a tung zing hi. Mikhat chu chibai hung buuh lou in hung paipel in pai taleh, ahung kiheetmoh bawl mawng ahi chiin na mohpaih maithei hi. Ama'n hung hechian lou ahihlouhleh sildang khat in a lungsim teng luahdim ahi maithei hi, hizongleh nang chu na ngaihtuahna jalin amah na mohpaih ngal hi.

Hujiahin Jakob 4:11-12 in hichiin ahung hilhlawh hi:

Unaute, khat leh khat kisoise tuah sih un. Mi a unau soisia a, huleh a unau soiseel chu daan soisia a, daan vaihawmkhum ahi; hizongleh daan na soiseel inchu, daan juuitu na hi sih a, vaihawmtu na hi jaw ahi. Daan petu khat auma, ama'n chu a hundam theia, a suseveh thei hi; mi dang soiseeltu nang koi na hiai?

Midang mohsahna ahihlouhleh mohpaih chu Pathian-bang gamtatna chapouna ahi. Hutobang mite chu amau leh amau kimohpaihna ahi. Hagaulam silte toh kisai a midangte mohsah ahihlouhleh mohpaih chu a khawhzawteh hi. Khenkhatte'n Pathian natohna silbawltheitah ahihlouhleh Pathian silpiaah chu a lungtang ngaihtuahna uleh heetna apat in a mohsa un a mohpaih uhi.

Koiahakhat in, "Haamteina tungtawn in natna damtheilou apat suhdam ka hi!" chitaleh lungtang hoih neite'n a gingta diing uhi. Hizongleh mi khenkhatte'n hichia ngaihtuah in, "Haamteina jalin bangchiin natna suhdam ahi thei diai? Hichu a kihekhial ahi diing ahihlouhleh a ngaihtuahna a hoihzaw banga kingaihtuah ahi diing," chiin thu kisoi chu a mohsa diing uhi. Khenkhatte ngial in houh zuau soi ahi chiin a mohpaih diing uhi. Amaute'n Bible a kigial Tuipi San keehnih kisuah, nisa leh hapi dinkhawl, huleh tuikha khu tuihum hung suaah, chu taangthu maimai ahi chiin a mohsa un huleh a mohpaih uhi.

Mi khenkhatte'n Pathian a gingta uh a chi va ahihvangin Hagau Siangthou natohnate a mohsa un a mohpaih uhi. Mi khat in a hagaulam mit hon in a um a huchiin hagaulam lalgam a muthei a chihleh, ahihlouhleh Pathian toh a kihou a chihleh, ngongtahin a dih sih huleh hichu heetphahlouh silte ahi a chi uhi. Hutobang natohte chu Bible ah a kigial ngei hi, hizongleh amau gintaatna huamsung apat in a mohpaih uhi.

Hutobang mihing tampi Jesu hun laiin a um uhi. Jesu'n Khawlni a damloute a suhdam chiangin, Pathian silbawltheihna Jesu tungtawn in a kilang chih a etchiang diing uh ahi. Hizongleh Pharisaite'n Jesu, Pathian Tapa, chu a ngaihtuahna uleh a lungsim ngaihtuahna sung va a mohsa un a mohpaih uhi. Pathian natohte na mohsat a na mohpaih a ahihleh, thudih hoihtaha na heetlouh jiah hizongleh, hichu sualna khawhtah ahi. Na pilvan mahmah diing ahi, ajiahchu Hagau Siangthou lang a na din a, na haam a, ahihlouhleh na soisiat leh kisiihna diing hun na nei sih diing hi.

Thudihlou a um hinna natohdan lina chu thu dihlou ahihlouhleh kituaahlou soikhiat ahi.

Thu i soi chiangun, i ngaihdan uleh ngaihtuahnate i guangluut veu va huleh thusoi chu a sawi jel hi. Thusoi kibang soikhe zonglei, maisuah leh awgin dungjuiin a umze dihtah a kiheng thei hi. Etsahna diingin, mikhat a thumal kibang "hey" chia i kouh chiangun, tehkhinna in lawmta kouha ahihlouhleh awneemtaha kouh leh, aw khauh leh lungthah aw a kouh in umze tuamtuaah a nei uhi. Huban ah, a thumal kibang chet a thu i soi theihlouh va hizongleh eimah thumal ngei a i hen va ahihleh, a umzia dihtah a kiheng hi.

Hih etsahnate chu i niteng hinkhua vah i mu thei va huleh hutobang uangsoina ahihlouhleh lamtom chu mu zing uhi. Khatveivei, a dinmun chu a kiheng veh hi. "Hukhu dih hilou maw?" chu "A dih hi, hilou maw?" chih ahung suaah hi huleh "Ka sawm uh...." Ahihlouhleh, "Hi maithei...." chih chu "Ka hung sawm uh hilhe kilawm..." chih ahung suaah hi.

Hizongleh lungtang chitah i neih va ahihleh, i ngaihdan utoh a thutah i sulimdang sih diing uhi. Thu kisoi chu a dihzosem in i pesawn thei diing va huchiin lungtang gilou leh umdan hoih lou mahni lawhna diing ngaihtuahna, thudih tuplouhna, mohsa haatna, leh midang soisiatna apat in i kihemkhe diing uhi. Johan 21:18 apat in Peter in martar a sihna diing toh kisai Lalpa Jesu Thusoi a um hi. Hichiin a chi hi, "Chihtahjetin, chihtahjetin ka hung hilh ahi, Na naupan laiin nang le nang na kawng na kigaah a, na utna lam lamah na chiah veu; hizongleh na hung upat chiangin chu na khut na jaah diinga, midangin ahung gaah diinga, na utlouhna lam lamah ahung pui diing hi."

Huin, Peter ch Johan tungtaang ah ahung buai a huleh hichiin a dong hi, "Lalpa, ahihleh hih mipa tungtaang lah?" (c. 21). Huin Jesu'n a dawng ah, "Ka hung kiit tan um diinga ka deih leh, nang toh bang kisai ahiai? Na hung jui in!" (c. 22) Nungjui dangte kawm a kisoi hileh bang chi diai? Bible in amaute'n nungjuitupa ch a si sih diing a chi uh a chi hi. Jesu'n a soinop chu Johan Jesu hung kiit tan a hin diing leh diing louh Peter in a buaipih diing ahi sih a chihna ahi. Hizongleh nungjuite'n amau ngaihdan behlap in thu dihlou pumlum a soidoh uhi.

A ngana chu ngaihtuahna dihlou ahihlouhleh lungkimlouhna ahi

Tahsalam silte, ngaihtuahna hoihlou, lungkiaahna, kisahtheihna jiah a lungsim natna, thangsiatna, lungthahna, huleh muhdahna i neih jiahun, amaute apat in hinna natohna dihloute i nei uhi. Thu i za uh kibang zong, i ngaihtuahna jalin a saandan a chituam thei hi.

Tehkhinna diingin company khat a a lupen a nasemtu khat kawm ah a bawlkhelh na phaw in, "Huh sanga hoihzaw a bawl thei lou maw?" a chi hi. Hitobang dinmun ah, mi khenkhat in kingaingiamtah leh nui kawm in hichiin a chi hi, "Hi, a kiit chiangin ka bawl hoih sawm diing." Hizongleh a pu tung a lungkimlou khat in chu hutobang a kisoi khu jalin lungnoplouhna ahihlouhleh huatna a nei diing hi. Hichiin a ngaihtuah thei uhi, 'Huchia a haam a ngai a maw?' ahihlouhleh 'Amah bang hituam ahiai? Ama'n zong a na hoihtahin a sem tuan a moh?'

Ahihlouhleh, a pu in hichibanga chi in a thuhilh hi, "Hichibangin hitengtah sudih lechin a hoihzo diingin ka gingta." Huchi hileh, khenkhatte'n na pom mai diing va hichiin na chi diing uhi, "Hu zong ngaihdan hoihtah ahi. Na hung hilh jiahin ka kipaah hi," chiin, a thuhilhna na pom diing hi. Hizongleh mi khenkhatte'n hitobang dinmun ah nuamsalou in a lungtang uh a suna hi. Hitobang ngaihdan nuamlou jiain, a phun va hichiin a ngaihtuah uhi, 'Hikhu hoihtaha sep sawm in ka theihtawp suah hiing a, bang diinga hutobang a, a soi ahiai mah? Bawl thei ahihleh, ama'n bang diinga bawl lou ahiai?'

Bible ah, Jesu'n Peter a tai i mu hi (Matthai 16:23).Jesu'n a puaah diing hun ahung tun in, A nungjuite kawm sil hung tung diing A hilh hi. Peter in a pu chu nasataha a thuaah diing a deih sih a hichiin a chi hi, "Lalpa, hihin hung gamlaat heh; na tungah atung hial sih diing, chiin ataaihilha." (c. 22).

Hih hun ah, Jesu'n amah a hamuan sawm sih a hichiin a chi hi, "Na lungsim ka he hi. Hukhu jiahin ka kipaah hi. Hizongleh ka pai a ngai hi." Hizongleh huchih naah sangin, A taihilh a hichiin A chi hi, "Setan, ka nunglam ah pai in! Kei hung daaltu na hi; Pathian deihzawng na bawl sih a, mihing deihzawng na bawl zaw hi" (c. 23).

Ajiahchu hutdamna lampi chu migiloute a diingin Jesu'n kross a, A thuaah chiang chauh in a kihong hi, hikhu daal chu Pathian silbawlsah daalna toh a kibang hi. Hizongleh Peter in hikhu ah lungnoplouhna a nei sih a ahihlouhleh Jesu kawm ah bangmah phunnawina a nei sih hi ajiahchu Jesu'n a soi photmah in umzia a nei chih a gingta hi. Hutobang lungtang hoih toh, Peter chu Pathian silbawltheihna limdang bawltu sawltaah ahung suaah hi.

A langkhat ah, Juda Iskariot tung ah bang a tung ei? Matthai 26, ah, Mari Bethani minu in Jesu tung ah silgimtui mantamtah a sungbuaah hi. Juda in hichi pammaih a sa hi. Hichiin a chi hi, "Hih silgimtui chu mantamtahin a zuaahin a sum chu mijawngte kawm ah piaah ahi thei hi" (c. 9). Hizongleh a dihtahin a sum a guuhmang ut hi.

Hitah ah, Jesu'n Mari in Pathian silpiaah Amah A diinga vuina kibawl a bawl tung ah a kipaahpih hi. Huchi pum in zong, Jesu in ngaihdan nuam lou a nei huleh Jesu tung ah a phun hi ajiahchu Jesu a thusoi bangmah in a ngai sih hi. A tawp ah, Jesu heem a tup jiah leh a zuaahmang sawm jiahin sual thupitah a bawl hi.

Tuni in, mi tampi in thudih polam a hinna natohnate a nei uhi. Hizongleh silkhat mu zonglei, hutoh kisai ngaihdan i neihlouh sungteng hinna natohna i nei sih diing uhi. Silkhat i muh chiangin, muhna chianga i khawl chet diing uh ahi. Midang mohsahna leh mohpaihna, sual hi, diingin i ngaihtuahna uh i zang diing uh ahi sih hi. Thudih toh i umkhawm theihna diingin, thudihlou khat pouhpouh i muh uh ahihlouh i za louh uh a hoihzaw hi. Hizongleh thudihlou silkhat pouhpouh toh i hung kisuhkha chiangin zong, hoihna a i ngaihtuah va huleh i lunggel uleh hoihna ah i um zing thei nalai hi.

3. Mialna

Setan in mial silbawltheihna Lucifer a neih tobang a nei a huleh mite chu ngaihtuahna gilou leh lungtang gilou nei diing leh gilou bawl diingin a chiil hi.

A dihtahin, hagau giloute ahi thudihlou a um hinna natohnate a hung umsah. Hagau giloute khovel mihing chituhna diing silpiaah suhbuchinna diinga um diinga Pathian in A phalsah ahi. Mihingte chituhna a pai zing lai in huihkhua a thunei in a um uhi. Ephesite 2:2 in hichiin a chi hi, "...Hu-a chu, tuma laiin hi khovel daan bangin na umva, huihkhua a thuneitu lal, tu-a thumanglou tate sunga tong jingtu hagau daan bangin."

Pathian amaute mihing chituhna Pathian in A suhtawp tandang a mialna luang tung a thunei diinga a phalsah ahi.

Huh hagau giloute mial a umte'n mite chu sual bawl diing leh Pathian lang a ding diingin a heem uhi. Amaute'n daan khauhtah a nei uhi. A lupenpa, Lucifer, in mialna tung ah thu a nei a, thupiaah a piaah a huleh hagau gilou neuzote a thuneihkhum hi. Hinna nei dang tampi Lucifer kithuahpih zong a um hi. Hu dragonte'n chu silbawltheihna zattheih leh amau angelte a nei uh (Et diing: Thupuandoh 12:7). Huleh Setan, dawimangpa, huleh dawite zong a um hi.

Lucifer, Mial Khovel a, a Lupen

Lucifer chu aw kilawmtah leh tumging vante toh Pathian phat angellian ahi. Ama'n dinmun sangtah leh thuneihna nei in huleh Pathian in hun sawtpi A lungsiat ahi a, amah chu ahung kiuangsah a huleh Pathian a heem hi. Huh hun apat in, a kilawmna chu meelsiatna ahung suaah hi. Isaiah 14:12

in hichiin a gial hi, "Aw Lucifer, nang jiinglam tapa, namchin sujawngkhaaltu, bangchidaana vaan apata na kiaaha, bangchia leia saatkhiaaha um na hita meia!"

Tuni in, i heetdoh louh in, mite'n sam bawldan leh kicheidan ah Lucifer a suun mahmah uhi. Khovel a paidan leh kicheidan ah Lucifer in a deih bangin mite lungsim leh ngaihtuahna a thunun hi. A biihtahin, Lucifer in khovel gingkilawm ah nasatahin a thuzoh hi.

Ama'n mite tulai khutsuaahte computer zong tel in sualna leh daanbeina ah a chiil hi. Ama'n vaihawmtu giloute chu Pathian langa ding diingin a heem hi. Gam khenkhat ah solkal in Khristian sahkhua a soisa uhi. Hite jousiah chu Lucifer tawsawnna leh chiilna jiaha bawl ahi.

Huban ah, Lucifer in mite chu mitphialdawi leh dawithu, dawisiamte ahihlouhleh dawithusiamte daan tuamtuam zangin amah heem diingin a heem hi. A theihtawp suah in mi khat beeh Meidiil a puiluut a huleh mite Pathian dou diingin hisah a sawm hi.

Dragonte leh A Angelte

Dragonte hagau giloute Lucifer nuai a umte lamkaite bangin a kibawl hi. Mite'n dragon kichi chu ngaihtuahna a um giap gahing in a ngaihtuah uhi. Hizongleh dragonte chu hagau giloute khovel a um ahi. Muhtheihlouh a um ahi uh chihthu ahi ajiahchu amaute hagaulam mi ahi uhi. Dragon toh kisai a kisoina tamzaw ah, sakhi kii a nei va, dawite mit a nei va, huleh bawngte a toh kibang bil a nei uhi. A vun vah lip a nei va huleh keeng li a nei uhi. Amaute chu thangkhiit lianpi toh kibang sim ahi uhi.

Dragonte'n silsiam hun laiin mun saautah, kilawmtah, leh etlawm mahmah a nei uhi. Amaute'n Pathian laltouphah a umkiimvel uhi. Amaute Pathian in gankhawizualte bangin A lungsiat a huleh Pathian kawmnaih ah a um uhi. Silbawltheihna thupitah leh thuneihna leh vaansolsiang ngiamzaw tampi a nei uhi. Hizongleh Lucifer toh Pathian ahung heem chiangun, a angelte uh zong ahung sual va huleh Pathian a dou uhi. Hih dragonte angelte zong tuin ganhing tobang in a meelsia uhi. Dragonte toh huihkhua a thuneihna a nei va huleh mite chu sualna leh gitlouhna ah a pui uhi.

A dihtahin, Lucifer chu hagau giloute khovel ah a tungnungpen in a um ah, hizongleh a tahtahin, Pathian a um hagaute dou diing leh huihkhua a vaihawm diingin a dragonte leh a angelte thuneihna a piaah hi. Hun sawtpi paita apat in, dragonte'n mite heem in ahihlouhleh mite amaute be diinga phalsah diingin dragonte lim leh meel bawl diing ahihlouhleh kheeng diingin a zawl uhi. Tuni in, sahkhua khenkhatte'n dragonte lim a kheeng va huleh a biaah uhi, huleh hih mite chu dragonte'n a thuneihkhum uhi.

Thupuandoh 12:7-9 in dragonte leh a angelte uh tungtaang hichiin a soi hi:

Huin vaanah kidouna aum a; Mikael leh a angelte'n dragon adouva; huleh dragon leh a angelte'n zong adou uh. Huleh ajou sihva, a mun u'zong vaana muhin aum nawm ta sih hi. Huleh dragon lian chu paihdohin aumta a, hu guulpi teeh, Diabol leh Setan kichi, khoveel pumpi heemtu chu; amah chu leitungah paihkhiaahin aumta a, a angelte zong amah toh paihkhiaahin aum uhi.

Dragonte'n a angelte uh zangin migiloute a chiil uhi. Hubang migiloute chu sualna khawhtah tualthahna leh mihing a sumdawnnate a tutaang sih uhi. Dragonte angelte'n Siampubu a kisoi Pathian in a kihdah kisoi ganhingte tobang meel a nei uhi. Ganhing chituam dungjuiin gilouppa chu meel tuamtuam in a kilaah diing hi, ajiahchu ganhing chi in umdan tuamtuam, huhamna, pilkhelna, thanghuaina, ahihlouhleh kipolhthanghuaina a nei hi.

Lucifer in dragonte tungtawn in na a sem a, huleh dragonte angelte'n dragonte thupiaah dungjuiin na a tong uhi. Gam khat toh tehkaah talei, Lucifer chu kumpipa tobang ahi, huleh dragon chu prime minister ahihlouhleh sepaih houtu lianpen ministerte leh sepaihte kivaipuaahna thuneitu tobang ahi. Dragonte'n silbawl a neih chiangun, a hun tengin Lucifer apat in thupiaah a mu sih uhi. Lucifer in amah ngaihtuahnate leh lungsim dragonte ah a phumluut a, huchiin dragonte'n sil a bawl uleh huchu amahleh amah in Lucifer deihzawng toh a kituaah hi.

Setan in Lucifer Lungtang leh Silbawltheihna A Nei Hi.

Hagau giloute'n mite chu a lungtang uh mialna in a suhbuaahna tanpha in a thuzoh thei uhi, hizongleh dawite ahihlouhleh dawimangpa'n a tuung apat in mite a lung a tohthou sih hi. A tuung in, mite tung a natong chu Setan ahi, huleh a zom ahi dawimangpa ahi a, huleh a tawpna ah dawite ahi. A mawlzaw a soi in, Setan chu Lucifer lungtang ahi. Tuchiang ah meel a nei sih a mihingte ngaihtuahna tungtawn in na a tong hi. Setan in Lucifer neih mial silbawltheihna a nei hi, huleh ama'n mite chu ngaihtuahna gilou leh gilou bawlna lungsim a neisah hi.

Setan chu hagaulam mi (Job 1:6-7) ahih dungjuiin, mi khat in a neih mial umdan dungjuiin lam tuamtuam ah na a tong hi. Zuau soite bangin, heemhat hagau na a tongkhawm uhi (1 Kumpipate 22:21-23). Midang khat ningkhiin a kikhenna bawltute a diingin, hutobang hagau toh na a tongkhawm uhi (1 Johan 4:6). Tahsalam natoh niin tong nuamte toh, hagau niin toh na a sem uhi (Thupuandoh 18:2).

A kisoi bangin, Lucifer, dragonte, huleh Setan in panna tuam leh meel tuam a nei hi, hizongleh gilou bawl diing lungsim khat leh ngaihtuah leh silbawltheihna a nei uhi. Tu in, Setan in mite tung a na bangchi toh i en diing uhi.

Setan chu radio paina huihkhua a zaam bang ahi. Huihkhua ah a lungsim leh silbawltheihna a thehdalh zing hi. Huleh, radio paina chu antenna a matna diing a kiheeh bangin, lungsim, ngaihtuahna, leh Setan mial silbawltheihna chu a pom utte a diing a mat theih hi. Antenna chu hitah ah thudihlou, mial mihingte lungtang a um chihna ahi.

Etsahna diingin, lungtang a huatna umzia in huihkhua a Setan in a thehdalh huatna radio paidan mantu antenna bangin na a sem thei hi. Setan in mial silbawltheihna mihingte ah mihingte ngaihtuahna ah Setan in a siam radio paidan leh mihing lungtang a thudihloute nih in paidan kibang a neih va huleh a kimuhtuah uh toh kiton a um khu a koih hi. Hikhu tungtawn in, thudihlou lungtang chu suhhaat in a um diinga huleh hichu ahung thathou diing hi. Hichu mikhat in 'Setan natoh a tang,' ahihlouhleh Setan aw a za hi i chih hun ahi.

Hichibang a Setan aw a zaah chiangun, ngaihtuahna ah sual a bawl diing uhi, huleh huban ah natoh ah sualnate a bawl diing uhi. Huchibang a sual nihna huatna ahihlouhleh enna chihte'n Setan natoh a tang chiangun, midangte sunhat utna a nei diing uhi. Hikhu a paisaau chiangin, tualthahna sual tanpha a bawl thei uhi.

Ngaihtuahna Lampi tungtawn a Setan Natohte

Mihingte'n thudih leh thudihlou lungtang a nei uhi. Jesu Khrist i pom va huleh Pathian tate i hung hih chiangun, Hagau Siangthou i lungtang va ahung luut a huleh i lungtang uh thudih ah a hei uhi. Hih umzia chu i lungtang vah Hagau Siangthou aw i za uh chihna ahi. A lehlam ah, Setan a polam apat in na a sem a, hujiahin mihingte lungtang suang a luut theihna diingin lampia a poimoh hi. Hu lampi chu mihingte ngaihtuahna ahi.

Mhingte'n a ngaihtuahna va a muhte, a zaahte, huleh a zilte uh a pom va huleh lungsim leh lungtang ah a khol uhi. Hitobang dinmun ahihlouhleh hun ah hutobang chepteh site ahung pholhdoh uhi. Hichu 'ngaihtuahna' ahi. Ngaihtuahna chu na cheptehna a silkhat na khumluut chianga bangtobang sil na ngaihtuah a kinga in a tuam hi. Dinmun dinna kibang ah zong, mi khenkhatte'n thudih dungjuiin chauh in sil a khumluut va, huleh thudih ngaihtuahna a nei va, huchi ahih laiin thudihlou khawlkhawmte'n thudihlou ngaihtuahna a nei diing uhi.

Mi tamzote thudih Pathian Thu hilhkha in a um sih uhi. Hukhu jiahin a lungtang va thudih sangin thudihlou a nei tamzaw uhi. Hite chu 'tahsalam ngaihtuahna' a kichi hi. Mite'n Setan natohte a tan chiangun, Pathian daan a jui thei sih uhi. Amaute chu sual in a saltaangsah a huleh a tawpkhong in a si uhi (Romte 6:16, 8:6-7).

Bangchibang a Setan in Mihingte Lungtang Thuzoh Theihna Nei Ahiai?

A taangpi in, Setan chu mihingte ngaihtuah lampi kihong tungtawn in a nasem ahi, hizongleh huchi lou zong a um hi. Etsahna diingin, Bible in Setan chu Juda Iskariot, Lalpa Jesu nungjui sawmlehnihte laha khat, sung ah a luut hi. Hitah ah 'amah sung ah a luut' kichi in ama'n Setan natohte a pom huleh a tawp in a lungtang jousiah Setan kawm ah a piaah chihna ahi. Hichibangin amah chu a pum in Setan a mat ahi.

Juda Iskariot in Pathian silbawltheihna limdang a tuaahkha a huleh Jesu a juih lai in hoihna toh thuhilh in a um a, hizongleh ama'n a duhamna a paihmang sih a, sumbawm apat in Pathian sum a guuh hi (Johan 12:6).

Ama'n Messiah, Jesu in hih leitung a laltouphah a luah chianga zahtaatna liantah leh silbawltheihna a tan diing hawlna duhamna zong a nei hi. Hizongleh a tahtah chu lametpen toh a kibang sih a, huchiin a banban in a ngaihtuahna Setan a lasah hi. A tawp in, a lungtang jousiah Setan in a mang a, huleh a Pu chu dangka sum sawmthum in a zuaah hi. Setan in mimal khat lungtang a thuzoh veh chiangin Setan chu mi khat ah a luut a kichi thei hi.

Silbawlte 5:3 ah, Peter in Anania leh Sapphira lungtang chu Setan a dim ahi a huleh a gam zuaahna sum uh khenkhia in a phual va huleh Hagau Siangthou a heem uh a chi hi.

Peter in hikhu a chihna jiah chu hutobang siltung tampi a ma in ana um jiah ahi. Hujiahin, 'Setan a luut' ahihlouhleh 'Setan a dim' kichi thumalte umzia chu hutobang mite'n a lungsim vah Setan a nei va huleh amaute ngei zong Setang tobnag ahung hi uh chihna ahi. Hagaulam mitte toh, Setan chu meiziing mial bang ahi. Mial thahatna, meikhu vom tobang, chu naahpitaha Setan natohte ana saangte kiim ah a um hi. Setan natohte i tan louhna diingun thudihlou ngaihtuahna jousiah i koihmang masat diing uh ahi. Huban ah, ei apat a thudihlouh lungtang i bohdoh diing uh ahi. Hih umzia dihtah chu Setan 'radio paidan' ana man thei antenna i paihmang diing uh ahi.

Dawimangpa leh Dawite

Dawimangpa chu angel hon khat Lucifer toh a na umsete ahi. Setan banglou in, amaute'n meel a nei uhi. Mial lim sung ah, angelte mai, mit, naah, leh kam a nei uhi. Khut leh keengte zong a nei uhi. Dawimangpa'n mite sual bawl diingin a taangsah a huleh zeetna leh sawina tuamtuam ah a puiluut hi.

Hizongleh hukhu chu dawimangpa mite sung a luut in sual a bawlsah chihna ahi sih hi. Setan thuhilhna toh, dawimangpa'n a lungtang mial a petute a thunun a huleh pom theihlouh sual bawl diingin a siam hi. Hizongleh khatveivei dawimangpa'n a vanzatte bangin mi khenkhatte a thunun hi. Dawimangpa kawm a, a lungtang zuaahtute, mitphialdawi ahihlouhleh dawithusiam te dawimangpa vanzatte banga gamta diing dawimangpa'n a thuzoh hi. Amaute'n midangte dawimangpa silte a bawlsah hi. Hujiahin, Bible in sual bawltute chu dawimangpa a ahi (Johan 8:44; 1 Johan 3:8).

Johan 6:70 in hichiin a chi hi, "Jesu'n amaute a dawng a, 'Keima'n nang uh, sawmlehnihte, ka hung teel ahi sih eimah, ahi'n khat chu dawimangpa na hi uh ahiai?" Jesu'n chu Jesu zuaahtu diing Juda Iskariot toh kisai a soina ahi. Hutobang mi sual suaah a hung pang leh hutdamna nei lou chu dawimangpa tapa ahi. Setan chu Juda sung a, a luut a huleh a lungtang a thunun bang dungjuiin, ama'n dawimangpa natoh, huchu Jesu zuaahdoh, a tong hi. Dawimangpa chu Setan thupiaah sangtu mihausa vaiveehtu bang ahi, huleh dawite a vaihawmkhum laiin mi tampite tung ah natna, thuah gimna a tungsah a huleh gilou tamsem bawl diingin a puuhsah hi.

Setan, dawimangpa, huleh dawite'n a kikhiatna a nei uhi. Amaute'n na hoihtahin a tongkhawm uhi. Khatna ah, Setan in dawimangpa natohna diing lampi honsahna diingin mihingte ngaihtuahna dihloute tung ah na a tong hi. A ban ah, dawimangpa'n mite chu tahsalam natohte leh dawimangpa na dangte tong diingin mite tung ah na a tong hi. Setan ahi ngaihtuahnate tungtawn a natong, huleh mite huh ngaihtuahna semkhe diing bawltu chu dawimangpa ahi. Huban ah, silgilou bawlna in a phana chiang khat a khel chiangin, dawite chu hutobang mite sung ah a chiah diing hi. Dawite mite sung a khatvei a luut kalsiah mite'n a deihtelna a mangsah va huleh dawite khut ah milim kitawi tobang ahi uhi.

Bible in dawite chu hagau gilou ahi chiin a soi a hizongleh amaute chu angel puuhsate ahihlouhleh Lucifer toh a kibang sih uhi (Psalm 106:28; Isaiah 8:19; Silbawlte 16:16-19; 1 Korinthete 10:20). Dawite chu mihing hagau, hinna, leh tahsapum nei ahi uhi. Mipi khenkhatte hih leitung a hingte leh hutdamna neilou a site hih khovel ah a chituam deuhkhat in, ahung hingdoh kiit va huleh amaute chu dawite ahi uhi. Mi tampite'n hagau giloute khovel tungtaang ngaihdan siangtah a nei sih uhi. Hizongleh hagau giloute'n mi khat beeh Pathian in ni tawpna ana guatsa hung tun masang siatna ah puiluut a sawm uhi.

Hikhu jiahin 1 Peter 5:8 in hichiin a chi hi, "Pilvaang unla, kiveeng jingin um un; ajiahchu na khingpa uh diabol chu huumpibahnei hawh bangin aneeh theih diing hawlin avaah lehleh hi." Huleh Ephesite 6:12 in hichiin a chi hi, "Bangjiahin ahiai ichihleh i dou uh chu tahsa leh sisan ahi sih a, lalnate, thuneihnate, hi khovel mial tunga vaihawmtute leh, vaan muna hagau gilou umte ahi jaw uhi."

Eite chu kiveeng zing leh hagau pilvaangtaha hun teng a i um diing uh ahi ajiahchu mial silbawltheihna hung puidan a i hin va ahihleh sihna lampi a i puuh uh chihlouhngal bawl theih i nei sih uhi.

Bung 2
Mimal

Mimal-kidihsahna chu khovel thudihlou thudih bang a i kihilh chiangun ahung ahung piangdoh dhi. Mimal-kidihsahna a det chiangin lungsim ngaihtuahna ahung piangdoh hi. Hujiahin, lungputdan chu ngilneitaha mikhat mimal-kidihsahna hung piangdoh khu ahi.

Mikhat 'Mimal' Hihna Hung Kisiam Tandong in

Mimal-kidihsahna leh Lungputdante

Thudih A Um Hinna Natohdante

Nitengin Ka Si

Lalpa ka pom masang hunk hat ah. Nitengin ka damlouhna toh ka kisual a huleh ka kisuhlimna umsun chu kisualna tangthu bute sim ahi. Hih tangthute chu a taangpi in phuba laahna toh kisai ahi.

A tangthu paidan tangpi hichibang ahi: naupang neucha ahih laiin, a tangvalpa nulepate a meelmate'n a that uhi. Amah chu a inn a suaahpa'n kithahna apat in a hundoh man hamham hi. A hung khanlet chiangin kisualdan hilhtu toh ahung kimu hi. Tu in amah chu kisual siam mahmah ahung hita a, huchiin ama'n a nulepate thattute tung ah phuba ahung lata hi. Hih tangthu bute in a soi chu mahni hinna tanpha chan thei diing khop a lauhhuai dinmun a phuba la chu a dih a huleh pasalhuai ahi. Hizongleh hitobang khovellam kihilhna toh Jesu hung hilhna chu a kibang sih mahmah hi. Jesu'n Matthai 5:43-45 ah hichiin a chi hi, "Na innveengte lungsiat inla, na meelmate hua in, kichi na jata uhi. Hizongleh kenchu na kawmvah ka soi ahi, Na meelmate uh lungsiat unla, haansia hung lohte vangpiah unla, ahung mudahte diingin sil hoih bawlsah unla, huleh ahung bawlsete leh ahung suduhdahte diingin haamteisah un. Huchiin na Pa uh vaana um tate na hi thei diing uhi; ajiahchu ama'n migiloute leh mihoihte tungah ani asuaahsaha, huleh miditatte leh midihtatloute tungah zong guah ajusah hi."

Hinkhua kana zat chu hinkho hoih leh dihtat ahi. Mi tampite'n kei chu 'daan mamoh lou' mihing khat ahi ang na chi diing uhi. Ahihvangin, Lalpa ka pom huleh halhthahna kikhopna khat a Pathian Thu kisoi tungtawn in kei leh kei ka hung kinunget chiangin, ka umdan ah sil tampi a dihlou ana um chih ka hung hedoh hi. Kei leh kei ka kizumpih hi ajiahchu ka haamkam nazatte, ka umdan, ka ngaihtuahna, huleh ka sia leh pha heetna jousiahte ana dih sih hi. Kei chu Pathian mai ah a pum in ka hinkhua dihtat hetlou in kana zang hi chih ka hung hedoh hi.

Huh hun apat in ka mimal-kidihsahna leh ka mimal lungputdan heetdoh leh suhmang ka tum hi. Ka 'mimal' hihna ka siamdoh ka hung nualta a huleh bangmahlou in ka koihta hi. Bible sim in thutah dungjuiin ka 'mimal' chu ka hung siamthah kiit hi. Ka lungtang a thudihloute paihmangna diingin an ngawl leh tawplou a haamtei in ka um hi. A tawp in, ka giitlouhna paihkhiah ahi in ka hung he a huleh Hagau Siangthou aw ka hung pan in huleh a puihuaina ka hung tang hi.

Mikhat 'Mimal' Hihna Kisiamdoh Masiah

Mite'n bangchibanga a lungtang uh siam a huleh a ngaihsanzawng uh lem ahi viai? Khatna chu a kiluahsawn silte ahi. Naupangte'n a nulepate uh a suun uhi. Meel leh puam, umdan, mihihna, huleh nungchang ah a nulepate apat a lasawn uhi. Korea ah 'nulepate sisan i nei uh' a chi uhi. Hizongleh hichu a tahtah in sisan ahi sih a himahleh hinna-tha, ahihlouhleh 'chi' ahi. 'Chi' chu hatna jousiah kikholkhawm mihingte tahsa pumpi apat hung paikhawm ahi. Inkuan khat a tapa in a muuh tung a chivom lianpi nei khat ka he hi. A nu'n a mun kibang ah chivom kibang ana nei hi, hizongleh ama'n a aatkhesah hi. Ama'n ana aatkhe mahzongleh, a chivom chu a tapa ah a pesawn hi.

Mihingte pasal chi leh numei chi in hinna-tha a vom hi. A polam tahsa pianzia chauh a vom sih a, himahleh mihihna, lungsimpuaahdan, pilna, leh nungchang zong a vom hi. A pa chi chu a nauvom lai va a haatzaw leh, a ta a pa a suunzaw diing hi. A nu chi a haatzaw leh, a ta in a nu a suunzaw hi. Hikhu in naupang chih lungtang a tuamsah hi.

Huleh, mikhat ahung khan leh pichin dungjuiin sil tampi a zildoh hi, huleh amaute zong lungtang loulai a ning khat ahung suaah hi. Kum nga vel ahung hih a kipan in, mite a sil muh uh, za uh, huleh zildoh uh tungtawn in 'mimal' hihna ahung kisiam hi. Sawmlehnih vel ahung hih chiangin mikhat in sil khen theihna diing ngaihsanzawng ahung neidoh hi. Kum sawmlehgiat vel ah, mikhat 'mimal' hihna chu ahung khauh sem hi. Hizongleh, a buaina chu sil tampi thudih ahihvanga dihlou i khawhngaih va, huleh thudih bangin i he zing uhi.

Hih khovel a i zildoh sil tampi thudihlou a um hi. A dihtahin skul ah sil tampi i hinkhua va phatuam leh poimoh a um hi, hizongleh thudih lou sil tampi kihilh a um hi, Darwin ngaihdan a sil bangkim awlawl a hung kisiam ahi chihte tobang. Nulepate'n a tate uh a hilh chiangun thudihlou chu thudih bangin zong ana hilh uhi. Etsahna in naupang khat a kholai ah naupang dang khat ahihlouhleh naupang dangte'n ana vua uhi. Heh kisa in a nulepate'n hichibang in a chi uhi, 'Naupang dangte'n a ne bangun nang zong nikhat in thum vei an ne inla hung haat in, huchi hileh bang diinga vua a um nahiai? Khatvei ahung suh uleh, nihvei na thuh diing ahi! Naupang dangte banga khut leh keeng nei lou na hiaimah? Nang leh nang kiven diingdan na heet diing ahi."

Naupangte chu a lawmte'n a vua va ahihleh simmohhuaitahin a bawl uhi. Tuin, hitobang naupangte'n bangchibang ngaihtuahna a nei diviai? Ngolhuai a sa maithei va huleh midangte kivuaahsah chu dihlou in a ngai diing uhi. Midangte'n a vuaah va ahihleh nihvei thuh diing ahi chiin a ngaihtuah diing uhi. Soidan chituam deuhin, sil gilou khat chu hoihna tobang in a ngai diing uhi.

Thudih a hing nulepate'n a tate uh bangchiin a hilh diviai? A dinmun a en diing va huleh hoihna leh thudih a hilh diing va huleh hichibang a soi in muanna a nei diing uhi, "Bawi aw, amaute he siam mai lou dimaw? Huleh, a dihlou khat bawlkha hi niteh, en in. Pathian in gilou chu hoihna a zou diingin ahung hilh hi."

Naupangte chu dinmun jousiah a Pathian Thu toh thuhilh ahih va ahihleh, sil hoih leh ngaihtuahna kichian ahung nei thei uhi. Hizongleh mun tamzaw ah nulepate'n a tate uh thudihlou leh zuauthute a hilh veu uhi. Nulepate'n zuau a soi chiangun, naupangte'n zong zuau a soi uhi. A thudan in telephone ahung ging a huleh tanu in a va la hi. A haamna lampang a khut in a hum huchiin a koutu in aw a za thei sih hi. Hichiin a chi a, "Pa, ka paneu Tom in ahung deih hi." Huin a pa'n a tanu kawm ah, "Inn ah ka um sih chi in," chi in a chi hi.

A tanu in a pa chu phone a piaah ma in a va kanchian masa a ajiahchu hutobang in sil ana um jel hi. Mite ahung khantouh jel lai un thudihlou tampi toh hilh in ana um jel uhi, huleh hute tung ah, a ngaihtuah utoh mite tung thutanna leh mohpaihna siam in hitobang sil dihlouhte ana khanletpih uhi. Hitobangin ngaihtuahna dihlou ahung kisiam hi.

Hubanah, mi tampite chu mahni masial ahi uhi. Amau lawhna diing chauh a ngaihtuah va huleh amau dih a kisa uhi. A tupdan uh ahihlouhleh midangte tung a ngaihdan a neih uh chu amau ngaihdan toh a kibatlouhleh, midangte a dihlou in a ngai uhi. Hizongleh midangte'n zong huchibangmahin a ngaihtuah uhi. Hitobang ngen a mite'n a ngaihtuah chiangun thukimna bawl a hahsa hi. Hi tobangmahin mi kinaitahte, pasal leh zi ahihlouhleh nulepate leh tate kikal ah zong a um hi. Mi tampite'n hi tobang in 'mimal' hihna a siamdoh va, huleh hujiahin koimah in amah 'mimal' chu a dih chia a pan teitei diing ahi sih hi.

Mimal-kidihsahna leh Lungputdante

Mi tampite'n thudihlou a natohnate tungtawn in thutanna leh ngaihsanzawng tehna a siamkhia uhi. Huchiin, a mimal-kidihsahna uleh a lungputdan vah a hing uhi. Hubanah, hih mimal-kidihsahna khovel apat a pomte uh thudihloute toh ahung kisiamkhia hi huleh huchiin thudih in a ngaihtuah uhi. Mimal kidihsahna neite amau leh amau a dih a, a kingaihtuah chauh uh hilou in midangte tung ah a ngaihdan uleh a gintaat uh pomsah teitei zong a tum uhi.

Hi tobang mimal-kidihsahna ahung taah chiangin, lungputdan ahung suaah hi. Soidan tuam a soi in, hitobang lungputdan chu mikhat mimal-kidihsahna hoihtahna kilem guhpi ahi. Hih lungputdan chu mimal hihnate, duhte, umdan, ngaihdan leh ngaihtuahnate a kinga ahi. A nihnih a, a poilouhna mun dinmun ah, dinmun khat chauh na paipih a, huleh hi tobang chu suhdet ahihleh, hichu na lungputdan ahung suaah hi. Huchiin, poimohsahzawhna, mihihna ahihlouhleh khawhngaihzawhna kibang neite lam ah awn in huleh pomtheizaw hihna diing na hung nei utzaw diing hi, hizongleh nang toh kithukim thei loute thuaahtheihlouhna zong na hung nei ut diing hi. Hichu na mimal lungputdan khat jiah ahi.

Hi tobang lungputdan chu i niteng hinkhua ah lam tuamtuam ah a kilaah ahi. Nupa kiteeng tuung te'n sil neuchacha ah a kina jel uhi. A pasal in hanawtna lou a tolam apat meehpawt a dih in a ngai a, a zi in ahihleh khoimunpouh apat in a meehpawt hi. Hichibang a khat in amah ngaihdan a paidih teitei, a kinaah teitei diing uhi. Kinaahna chu a umdan kibanglou tuaah apat a lungputdan va hung kipan ahi.

Tehkhinthu in company khat ah natongtu khat in koimah panpihna tel lou in a na jousiah a tang in a bawl hi. Hih tobang mite'n amau tanga sil bangkim bawl a zongsang uh ajiahchu dinmun hahsatah a khanglian ahihjiahun a tang a na a toh uh a ngai hi. Hichu a luhlul jiah uh ahi sih hi. Hujiahin, hu mipa chu mi luhlul ahihlouhleh mahni-masial a na ngoh leh, hichu ngaihtuahna kilawmlou ahi.

Hun tampi ah, thudih etna in, mikhat mimal-kidihsahna leh mimal lungputdan a dih sih hi. A dihlou chu thudihlou lungtang midangte na tohsah lou leh mahni lawhna diing ngaihtuah apat hung piangdoh ahi. Gingtute nasan in a heetdoh louh uh mimal-kidihsahna leh lungputdan a nei uhi.

Pathian Thu za in a kingaihtuah va huleh a sualna uh bangtanahakhat ah a paihmang va, huleh thudih a he uhi. Hih heetna toh a mimal-kidihtatsahna uh a langsah uhi. Midangte'n ginna a, a hinkho zatdan uh a dem uhi. Midangte toh a kitehkaah va huleh midang sanga hoihzaw in a kingaihtuah uhi. Hun khat ah midangte hoihnate chauh a mu va, hizongleh a nung chiangin ahung kiheng va huleh tu in a chitlahnate uh ahung muzota uhi. Amau ngaihdan chauh a chi teentun va, hizongleh 'Pathian lalgam a diingin' bawl ahi uh a chi uhi.

Mi khenkhat in sil bangkim he leh dihtat in a kingai uhi. Midangte mohsa in midangte chitlouhnate a soi zing uhi. Hih umzia chu amau chitlouhna a mu thei lou in midangte a chauh a mu thei uhi.

Thudih a i kihen uh masang un, mimal-kidihtatsahna i nei chiat va huleh i lungputdan uh i siamdoh uhi. I lungtang a gilou i neihna chiangchiang vah, thudih a um hinna natohna sangin thudihlou a um hinna natohna i nei diing uhi. Hukhu jiahin eimah mimal-kidihsahna leh lungputna sung ah mite i mohsa in i mohpaih diing uhi. Hagaulam khanna i neihna diingun i ngaihtuahna leh ngaihdante bangmahlou bang a i ngaihtuah uh a ngai hi.

Thudih a Um Hinna Natohnate Neihna Diingin

Hagaulam khanna leh Pathian ta dihtahte a kihenna chu thudihlou a um hinna natohna thudih a um hinna natohna i hung hen chiangun i nei thei uhi. Hujiahin, thudih a um hinna natohnate neihna diingin bang ahiai i bawl diing uh?

Khatna ah thudih tehna tungtawn a silbangkim heetsiam leh khentheih a ngai hi.

Mite'n sia leh pha heetna tuamtuam a nei uhi, huleh hun, mun leh tawndan kibatlouh dungjuiin khovel tehnate zong a chituam hi. A dih in gamtang zongleh chin, midang ngaihdan tuam neite'n a dihlou ahung ngaihsah diing uhi.

Mite'n a ngaihsanzawng uleh a pomtheihzawng umdante dinmun leh tawndan tuamtuam apat in a siamkhia uhi, huleh hujiahin eimah tehna toh midangte i mohsah louh diing uh ahi. A dih leh a dihlou huleh thudih leh thudihlou khenna diing a hoihpen chu Pathian Thu thudih ngei chu ahi.

Khovel mite'n a dih leh kilawm a, a ngaih uh silte lah ah, Bible toh kituaah silte a um a, hizongleh a kituaahlou sil dang tampi a um hi. Etsahna in mikhat in daan in a phallouh silkhat bawlta henla, midang khat dihloutaha ngoh in a umta hi. Hih tobang dinmun ah, mi tamzote'n na lawipa mohna phuandoh louh chu sil dihlou a ngai uhi. Hizongleh dai dide a na umleh, dihloutaha ngoh a umpa dihna he pumpum a, na gamtatna chu Pathian mitmuha midihtat a ngaih in na um thei sih diing hi.

Pathian ka gintaat ma in, an ne hun a mi khat inn a ka va vaah chiangin an ka neeh leh neeh louh ahung dot chiangun, "Hi, ka ne zouta," ka chi jel hi. Hikhu a dihlou in kana ngaihtuah ngei sih hi, ajiahchu midangte nuammoh a sah louhna diing va ka soi ahi veu hi. Hizongleh hagaulam sil ah, hichu sual hi sih mahleh, a dihtah ahihlouh jiahin Pathian mitmuh in soibaang ahi thei hi. Hih thutah ka neet nung in, soidan dang ka zang a, "Ka ne nai sih, ahihvangin tu leh tu in ka duh nai sih," ka chi hi.

Thudih toh silbangkim heetna diingin, thudih Thu i ngaihkhia va huleh zil va huleh i lungtang va i kep uh a ngai hi. Bible i sim va huleh hih leitung a thudihlou toh i lamdoh uh tehna dihlou apat i kihepmang diing uh ahi. Hih khovel sil bangchituh a pilhuai himahleh, Pathian Thu toh kikalh ahihleh, i paihmang diing uh ahi.

Nihna ah, thudih a um hinna natohnate i neihna diingun I ngaihtuahna uleh lungsim uh thudih dungjui ahih diing ahi.

Bangchibang a silte i thunluut uh ahiai chih in thudih dungjui a ngaihtuahna i neih tumna vah dinmun poimohtah a nei hi. Nupi khat a ta hichia tai ka mu hi, "Hikhu na bawl leh, pastorpa'n ahung tai diing hi!" chiin. Ama'n a ta chu ahung khanlet dungjuiin pastorpa kawm a um sangin lauhna nei in a kihemmangzo diing hi.

Hun sawtpi paita ah, cinema a sil um khat ka mukha hi. Numei naupangnu chu sai toh a kithuahthei mahmah a, huleh sai in a mawl chu naupangnu ngawng ah a vial jel hi. Nikhat, naupangnu a ihmut laiin, guul gunei khat a hung a huleh a ngawng ahung vial hi. Hikhu guul ahi chih heleh, ama'n a laau mahmah diing hi. Hizongleh ihmu a mit siing ahihjiahin sai mawl hi diingin a ngaihtuah hi. Hujiahin amahnu'n limdang a sa het sih hi. Huchih naahsangin, ama'n a lawmbawl mahmah hi. Ngaihdan chu lungsim ngaihtuahna dungjuiin a chituam hi.

I ngaihdan chu i lunggel dungjuiin a tuam hi. Than, tangtel, ahihlouhleh keengtamte a muh chiang va chizaathuai sate'n aah in hutobangte a neeh himahleh aahsa tuitahin a neeh uhi. I ngaihtuahna kinga in silkhat toh kisai ngaihdan i nei uh chih i mu thei uhi. Bangtobang mi mu in bangtobang na sem zonglei, a hoih lam a sil i ngaihtuah diing uh ahi.

A dangteng tung ah, silbangkim a hoih lam a i gel theihna diingun, sil hoihte chauh i et va, i za va, huleh i phumluut diing uh ahi. Hichu tuni hun a sil khat pouhpouh tanchinbu ahihlouhleh Internet tungtawn ah i muhtheih jiahun a dih hi. Giitlouhna, huhamna, hiamngamna, kiheemna, mahni-masialna, pilkhelna, leh lepchiahna chu khangthu hun khat pouhpouh a sangin a uangzota hi. Thudih a i umna diingin ei a diingin, hih silte ahi thei tan a muh louh, za louh ahihlouhleh phumluut louh a hoihzaw hi. Ahihvangin, hu tobang silte i tuaahkha chiangin, huh laitahin silte chu thudih leh hoihna i phumluut thei uhi. "Bangchi e?" chiin na dong hi!

Etsahna diingin, dawite ahihlouhleh tomite tangthu naupang laia ana zakhate'n lauhna lungsim a neiden uhi, a diaahin, mial nuai a siha lim taangthei a ngen va um a, a et chiangun. Sil ging tuam deuh a za va ahihlouhleh lim lauhhuai deuh a muh chiangun a lauh mahmah uhi. A ngen va a um uleh, sil neuchakhat amaute laau a lungphawngsah diing ahung um thei hi.

Hizongleh vaah nuai a i khosah va ahihleh, Pathian in ahung veeng a huleh hagau giloute'n ahung khoih thei sih hi. Huchih naah sangin, ei apat hung pawtdoh hagaulam vaah chu a laau va a chimul uh a thou hi. Hih thutah i heetsiam va ahihleh, i lunggel uh i heng thei uhi. I lungtang vapat in hagau giloute chu sil lauhhuai ahi sih uhi, dawite hung kilang zongleh, Jesu Khrist min in i nohmang thei uhi.

Mite'n lunggel kilawmlou a neihna uh dinmun dang khat i et nalai diing uhi. Kum 20 vel paita kei chu ka kouhtuam mite toh sahkhua khualzin in ka pai uhi. Greece a stadium ah guahtang a um mikhat lim suang a kibawl a um hi. A thu kigial chu gam chidamna diing kingahna mi chidamte a diinga kisawizoina leh kimawlna hasotna thu ahi. Hutah ah Europe gamte apat khualzin mite leh ka kouhtuam membarte kibatlouhna ka mu thei hi.

Numei khenkhatte'n hu lim kisiam mai nopsahlouhna bangmah um lou in lim a kila va, hizongleh numei dang khenkhatte a nui uhi. Muh louh diing khat mukha bangin hu mun apat a kihemdoh uhi. Huh lim a nuihsan jiah uh ahihleh angkawmna lungtang a neih jiah uh ahi. Guahtangna toh kisai ngaihdan kilawm lou a nei uhi, huleh hujiahin guahtang lim kisiam a muh un hutobang in ngaihdan a nei uhi. Hu tobang mite hu bang lim kisiam a muh naihtaha va simte a mohsa uhi. Hizongleh Europe gam khualzin mite'n hu tobang nopsahlouhna ahihlouhleh ngaihdan a nei sih uhi. Amaute hu lim kisiam chu khutsiamna van nalhtah ahi chi kipaahna toh a en uhi.

Hi bang dinmun ah, koima'n Europe khualzin mite zummoh chia a mohsah diing ahi sih hi. Tawndan tuamtuam i heetsiam va huleh thudihlou ngaihtuahna chu thudih a i va ahihleh, nopsahlouhna ahihlouhleh zummohna diing a um sih. Adam chu guahtang in tahsalam heetna a neih ma in ana um hi, ajiahchu ama'n angkawmna lungsim ana nei sih hi, huleh hutobang hinkhua chu a kilawmzaw hi.

Thumna ah, thudih a um hinna natohnate neihna diingin eimah etdan chauh apat a sil i pom louh diing va, hizongleh midangte etna apat zong i et diing uh ahi.

Silte leh dinmunte eimah dinna, heetdan, leh ngaihtuahna lam, apat chauh na pom leh, thudihlou hinna natohnate tampi ahung dingdoh diing hi. Na ngaihtuahna dungjuiin midangte thusoite ah na luut diinga ahihlouhleh na pawtdoh diing hi. Hesiam lou, mohsa, mohpaih, huleh ngaihtuahna hoihlou na nei diing hi.

Etsahna diingin mikhat tuahsiatna a kisuliam khat na sa in a kikou hi. Hu tobang sil ana tuaahkha nai loute ahihlouhleh natna thuaah haat mahmahte'n hu tobang sil neucha ah a leikou mahmah a chi maithei uhi. Nangmah dinna leh heetna apat a midangte thusoite na pom leh, amah na hesiam in huleh a natna thuaah na na hesiam diing hi.

Midang dinmun na heetsiam a huleh na pom leh, koipouh toh na kilem in na um diing hi. Na ho sih diinga ahihlouhleh a nuam lou sil khat pouhpouh ah bangmah na vei sih diing hi. Midang khat jiahin, liamna ahihlouhleh doudaaltu tuaah zong lechin, amah na gelkhawh masat a ahihleh amah na ho sih diinga hizongleh na lungsiat thouthou in a tung ah hehpihna na nei diing hi. Jesu eite a diinga kilhbeh a umpa lungsiatn leh Pathian khotuahna na heet leh, na meelmate nasan na lungsiat diing hi. Hikhu chu Stephen dinmun ahi. Amah mohna hilou a suang a sehlup a, a um laiin zong, amah suang a septute a ho sih a hizongleh amaute a diingin a haamteisah hi.

Hizongleh khatveivei i deih dandan a thudih a um hinna natohnate neih a baihlam sih i sa maithei hi. Hujiahin, i thusoite leh gamtatnate ah i pilvan zing diing uh ahi a, huleh thudihlou a um hinna natohnate chu thudih a umte toh i hen sawm diing uh ahi. Pathian khotuahna leh hatna leh Hagau Siangthou panpihna toh i haamtei a huleh i tup zing leh thudih a um hinna natohnate i nei thei uhi.

Niteng in Ka Si

Sawltaah Paul in hun khat ah mimal-kidihsahna leh lungputdan liantah ana neih jiahin Khristiante ana soisa hi. Hizongleh Lalpa toh a kituaah nung in, a mimal-kidihsahna leh lungputdan dihlou ahi chih ahung hedoh a, huleh ana neih jousiah chu eeh bang giap ahi chia ngai thei khop in ahung kingaingiam hi. A tuung in, lungtang in gilou sil hoih bawl utna um toh kidou amah ah a um chih hung hedoh in a lungtang ah a kisual hi (Romte 7:24).

Hizongleh hinkho daan leh Khrist Jesu a Hagau Siangthou in sualna leh sihna daan apat in a suaahtasah chih gingta in kipaahthu soina thupuan a bawl hi. Romte 7:25 ah, hichiin a chi hi, "I Lalpa uh Jesu Khrist jaalin Pathian kawmah kipaahthu ka soi hi. Huchiin keimah tahin chu ka lungsimin Pathian daan ka tonga; hizongleh ka tahsain chu sualna daan ka tong hi," huleh 1 Korinthete 15:31, "Jesu Khrist i Lalpa u'a ka hung suanna sialin, Nitengin ka si, chih hahtahin ka soi ahi."

Ama'n hichiin a chi hi, "Niteng in ka si" huleh hikhu umzia chu ama'n a lungtang niteng in teep a tan hi. A dihtaha soi in, amah a thudihloute umte, kisahtheihna, kideihkhopna, huatna, mohsahna, lungthahna, kiuahsahna, leh duhamna a paihmang hi. Hichia soi pum in, sisan luang hial in hite paihmangna diingin pan a la hi. Pathian in khotuahna leh haatna A pia a, huleh Hagau Siangthou panpihna toh thudih a um hinna natohnate chauh mi khat in ahung kiheng hi. Sawltaah silbawltheitah chiamchihna leh sillimdang tampi bawl kawm in tanchinhoih thehdalhtu ahung suaah hi.

Bung 3
Tahsalam Silte

Mi khenkhatte'n a lungsim vah enna, thangsiatna, mohsahna, mohpaihna, leh angkawmna sual a bawl uhi. Hute a polam ah a kilang sih hi, hizongleh hutobang sualnate sual hihna amau a um jiahin a bawl uhi.

Tahsa leh Sapum Natohte

'Tahsa chu a Chau hi' chih Umzia

Tahsalma Silte: Lungsim Sual Bawlte

Tahsa Utna

Mit Utna

Hinkho Kisahtheihna

A hagau uh site a diingin, hinna chu a pu uh ahung hi a huleh a sapum tung vah vaihawm in a pang hi. Etsahna in na dang a taah hi, huleh silkhat na dawn nuam hi. Huchiin, hinna in na khut chu nou khat dom diingin huleh na kam ah a domtou diingin thu a piaah hi. Hizongleh, mi khat in ahung simmoh leh na lung a thah a, a nou khuh paihkeeh na ut hi. Hikhu bang tobang hinna natohdan ahi diai?

Hichu Setan in tahsa a m hinna a chiil lai a siltung ahi. Mihingte'n meelmapa dawimangpa leh Setan natohte chu amau a thudihlou um chiangchiang chu a tang uhi. Setan natohte a pom va ahihleh, thudihlou ngaihtuahna ahung nei uhi, huleh dawimangpa natohte ahung pom va ahihleh, thudihlou natohte ahung langsah uhi.

Lungthah laitaha lihli nou suhkeehna diing ngaihtuahna chu Setan in ahung piaah ahi, huleh na ma na sawn a huleh lihli noun a va suhkeeh leh, hichu dawimangpa natoh ahi. Ngaihtuahna chu 'tahsalam sil' a kichi hi, huleh gamtatna chu 'tahsa natoh' a kichi hi. Thudihlou a um hinna natohnate leh gamtatna i neih jiah ahihleh Adam puuh a kipat meelma dawimangpa leh Setan in ana phuhluut mihingte pianken sualna jiah ahi huleh huchu mihingte tahsa toh gawmkhawm in a um hi.

Tahsa leh Sapum Natohte

Romte 8:13 "...ajiahchu tahsa dungjuia nah in leh, na si diing hi; hiozngleh Hagau jala sapum natohte na sihsah leh, na hiing diing hi."

Hitah ah, 'na si diing' kichi umzia chu kumtuang sihna, Meidiil, na tuaah diing. Hujiahin, 'tahsa' kichi in tahsalam sapumte chauh a kawh sih hi. Hikhu in hagaulam umzia zong a nei hi.

A ban ah, Hagau jala sapum natohte i sihsah leh, i hing diing uh a chi hi. Hikhu in sapum natohte tou maimai, lup maimai, neeh leh anneeh, leh a dangdang apat kihepmang diing a chihna a diai? Hilou hial! Hitah a, 'sapum' a kawm ahihlouhleh a tuamna hagau heetna Pathian in A piaah apat hung kehdoh a chihna ahi. Hikhu hagaulam umzia i heetsiamna diingun Adam chu bangtobang mihing ana hi ahiai chih i heet diing uh ahi.

Adam chu hagau hing ahih laiin, a sapum chu a manpha mahmah a huleh a muat thei lou ahi. A teeh thei sih a huleh a si in a muat thei sih hi. Ama'n sapum taang singseng, kilawm leh hagaulam sapum a nei hi. A umdante zong hih leitung a mi zahumpen sangin a zahtaathuaizaw hi. Hizongleh amah sualna ahung luut apat in huleh a sual jiahin a sapum mannabei sapum ganhingte a toh kikhe lou ahung suaah hi.

A tehkaahna khat ka hung pe diing. Nou khat a sung a tui um khat a um hi, a nou chu na sapum toh a tehkhin theih a, huleh a tui chu i hagau toh. Huh nou mah sung tui khat pouhpouh a phazah kibang a koih theih hi. Hichu Adam sapum toh a kibang hi.

Hagau hing a hih dungjuiin, Adam in Pathian piaahsa thudih heetna lungsiat, hoihna, thudihna, leh dihtatna chihte chauh a nei hi. Hizongleh a hagau ahung sih chiangin, amah apat in thudih heetna ahung luangdoh a, huleh thudih sangin, amah chu meelmapa dawimangpa leh Setan in a piaah tahsalma silte toh a um hi. Thudihlou amah hal khat hung juiin ahung kihengta hi. Hichiin a kichi hi, "Hagau tungtawn in, sapum natohte chu sihsah in a um hi." Hitah ah, 'sapum natohte' kichite'n thudihlou toh kigawm sapum apat hung piangdoh natohte a kawh hi.

Etsahna diingin, a lungthah chiang va khuttum zial, kot naahpi a khaah ahihlouhleh umdan huhamtah umdan kilangsah mi a um hi. Mi khenkhatte'n a haamkhiahna phot vah haam hoihlou a zang uhi. Mi khenkhat in numei ahihlouhleh pasal a muh chiangun a enlah va huleh a dangte'n ahihleh zummohna umdan a langsah uhi.

Sapum natohte'n sualna in a umsah silte chauh a kawh sih a hizongleh Pathian mitmuh a sil kilawmloute zong a bawl uhi. Mi khenkhatte midang toh a kihou chiangun a heetlouh kaal un a khut un ana kawh veu uhi. Mi khenkhatte'n midang toh a kihou chiangun a kinial mahbangin a aw uh a sangsah uhi. Hih silte chu sil neuchacha bangin kilang mahleh, hute chu sapum thudihlou toh kizop apat hung kuandoh ahi.

'Tahsa' chih thumal a kizat jeljelna khu chu Bible ah a kimu hi. Hih chang Johan 1:14 ah, 'tahsa' chih thumal chu tangtah in a kizang hi, "Huleh Thu chu tahsa ahung suaah a, huleh i lah ah a teeng hi, huleh A loupina i mu uhi, Pa in A neisun loupina tobangin, khotuahna leh thudih a dim." Hizongleh hichu hagaulam umze nei in a kizang munzaw hi.

Romte 8:5 in hichiin a chi hi, "Bangjiahin ahiai ichihleh tahsa daana umte'n tahsa lam silte alunggulh veu uhi; hizongleh Hagau daana umte'n chu Hagau lam silte alunggulh uhi." Huleh Romte 8:8 in hichiin a chi hi, "... huleh tahsa a umte'n Pathian a lungkimsah thei sih uhi."

Hitah ah, 'tahsa' chu hagaulam sil soina in a kizang hi, hih in pianken sualna sapum toh kizop a soi hi. Hichu pianken sualna leh thudih heetna luandohna sapum toh kigawm ahi. Meelmapa dawimangpa leh Setn in mihingte sung ah pianken sualna tuamtuam a phumluut hi, huleh hite chu a sapum va belhsah in a um hi. Hute chu natoh ah a kilangpah sih hi, hizongleh hitobang hihna chu tuin mihing ah a um hi huchiin bangchilaipouhin natoh in ahung kilangdoh thei hi.

Hih tahsalam hihnate a banban a i soikha chiangin, hikhu chu 'tahsalam sil khat' ahi i chi uhi. Huatna, enna, thangsiatna, dihlouhna, pilkhelna, luhlulna, lungthahna, mohsahna, mohpaihna, angkawmna, huleh duhamnate'n a bawn un 'tahsalam' a kawh hi, huleh hite photmah chu 'tahsalam a sil' ahi.

'Tahsa chu a Chaauh hi' chih Umzia

Jesu Gethsame a, A haamtei lai in, a nungjuite ana ihmu uhi. Jesu'n Peter kawm ah hichiin a chi hi, "Heemna a na umlouhna diingun kiging zing leh haamtei zing in um; hagau chu a ut a, hizongleh tahsa a chaauh hi (Matthai 26:41). Hizongleh hikhu in nungjuiin sapumte a chaau hi a chi sih hi. Petre chu ngamanmi ahih dungjuiin tahsa hoihtah a nei hi. Huchi ahihleh, 'tahsa chu a chaau' kichi bang chihna ahiai?

Hih umzia chu Peter in Hagau Siangthou a tang nai sih a, ama'n a sualna jousiah a paihmang nai sih hi huleh hujiahin sapum hagau a um a chituh sih chihna ahi. Mi khat in a sualnate a paihmang a hagau a um chiangin, huchu hagau mi leh thudih mi ahung hih chiangin, a hinna leh sapum chu hagau thunuai a um diing hi. Hujiahin, na sapum chu gim mahmah zongleh, na lungtang apat khanglou zing a na um ut tahtah leh, ihmu lou in na um thei hi.

Hizongleh Peter chu hagau a, a um ma in, huleh huchiin, tahsalam hihna gimna leh thasiatna chihte a thunuai ah a koih thei sih hi. Huchiin, ihmu lou in um ut zongleh a hithei sih hi. Amah chu tahsalam hihtheihna chiang khat ah a um hi. Tahsalam hihtheihna chiang khat a um kichi chu tahsa chu a chaau hi.

Hizongleh Jesu Khrist thohkiit nung leh vaan a, A kaltouh nung in, Peter in Hagau Siangthou a tang hi. Tuin, ama'n a tahsalam hihna a thuzoh chauh hilou in hizongleh mi tampi sudam in huleh misi nasan a kaithou hi. Hubang ginna haattah leh haansanna toh tanchinhoih phuangzaah in huchiin a bungbu zawng a kilhbeh a tel hi.

Jesu toh kisai ah, Ama'n Pathian lalgam tanchinhoih thehdalh in, hoihtahin ne in dawn thei sih mahleh, suun leh zaan in mi a sudam hi. Hizongleh A hagau in A sapum a thunun jiahin, A gimsiat mahmah hun nasan in zong, a khosaul sisan a, a luan a, lei a, a kiat tandong in A haamtei thei hi. Jesu'n sualna bulpi a nei sih a huleh mimal-kibawl sual zong a nei sih hi. Hujiahin, Ama'n hagau toh A sapum a thunun thei hi.

Gingtu khenkhatt'n sual bawl in huleh suanlam nei hichiin a chi hi, "Ka tahsa a chaau hi." Hizongleh hih thu kisoi hagaulam umzia a heetlouh jiahun hichiin a soi uhi. Jesu'n kross a A sisan eite sualna apat ahung hutdohna diing chauh hilou in hizongleh i haatlouhna apat ahung hutdohna diingin ahung suah chih i heetsiam diing uh ahi. Ginna i neih va huleh Pathian Thu i man va ahihleh hagau leh tahsa a i damtheih diing va huleh mihingte hihtheihna phaahtawp a silte i bawl thei diing uh ahi. Huban ah, Hagau Siangthou panpihna i tang va huleh huchiin ka haamtei thei sih ahihlouhleh deihtelna ka nei sih a huchiin ka tahsa a chauh jiahin sual ka bawl hi i chi thei sih hi.

Tahsa Silte: Lungsim a Sual Bawl

Mihing in tahsa lam a neih leh, huchu a sapum uh toh umkhawm pianken sualnate a neih uleh, a lungsim chauh vah hilou in hizongleh a gamtatdan vah zong sual a bawl uhi. Dihtatlouhna hihna a neih va ahihleh hun lemchanglou pipi dinmun ah zong mite a heem uhi. A gamtat uh hilou in a lungtang va sual a bawl va ahihleh, hichu 'tahsalam sil' ahi.

Tehkhinna in na inveengte sana khi kilawmtah na mu hi.

Va laah ahiai ahihlouhleh va guuhsah diingdan na lunggel leh, huchiin na lungtang ah sual na bawl zouta hi. then you have already committed sins in the heart. Mi tampi in hikhu sual in a ngai sih uhi. Hizongleh Pathian in lungtang A hawl a, huleh meelmapa dawimangpa leh Setan nasan in hitobang mite lungtang a he uhi, hujiahin hutobang hih sualna chihte, huchu tahsa sil, jiahin ngohna ahung bawl thei uhi.

Matthai 5:28 ah Jesu'n hichiin a chi hi, "...Hizongleh kenchu na kawmvah ka soi ahi, Koipouh numei enlahtah-a enin a lungsimah amahnu toh a aangkawm jouta ahi." 1 Johan 3:15 ah hichiin a chi hi, "Koipouh amah gingta in abeimang louha, kumtuang hinna aneih jawh na diing in." Lungtang a sual na bawl a ahihleh, sual natoh a tahtah a bawlna diing inbul na siam hi chihna ahi.

Mi khat hua in suh nuam mah zong lechin nuikawm in a lungsiat mahmah bangin na um thei hi. Sil khat ahung tun a huleh na thuaah zoh louh chiangin, na lungthah doh a huleh hu mipa toh na kinial in ahihlouhleh na kisual ut phial hi. Hizongleh na huatna sual pianken na paihmang a ahihleh, huh mipa'n hun hahsatah ah hung koih zongleh na ho sih diing hi.

Romte 8:13 a kigial bangin, "...ajiahchu tahsa dungjui a nah in leh, na si diing hi," tahsa silte na paihmang louh a ahihleh tahsa natohte na hung tong diing hi. Ahihvangin, Bible in zong hichiin a chi hi, "... hizongleh Hagau tungtawn a sapum natohte na koihmang a ahihleh, na hing diing hi." Hujiahin, natoh hoih leh siangthou chu tahsa silte khat khat na paihmang a ahihleh na nei thei hi. Tuin, tahsa silte leh natohte bangchiin kintahin i paihmang thei diai?

Romte 13:13-14 in hichiin a chi hi, "Suuna um bangin dihtahin i um diing un; huhel leh jukham buaia umlouin, huuh leh kingaihhaata umlouin, huleh kihaau leh kithangsiata um louin. Lalpa Jesu Khrist in kithuam unla, na tahsa uh uutna supiching diingin bangmah kibawl sih un," huleh 1 Johan 2:15-16 in hichiin a chi, "Khovel lungsiat sih unla, khovel a sil umte zong lungsiat sih un. Mi koipouhin khovel alungsiat inchu Pa lungsiatna amah ah aum sih hi. Ajiahchu khovel a sil um jousiah, tahsa uutnate, mit uutnate, huleh damsung kisahtheihnate chu Pathian a kipan ahi sih a, khovel a kipan ahijaw hi."

Hih changte apat in, khovel silte jousiah chu tahsa utna, mit utna, huleh damsung kisahtheihnate'n a umsah ahi chih i hedoh thei hi. Utna chu tahsalam mangthang thei sil hawlna diing leh pomna diinga mihingte tha petu ahi. Hichu tha haattah mihingte khovel sil a hoih a musah leh lungsiatsahtu ahi.

Tuin Siamchiilbu 3:6 tungtawn in guul in Evi a heemna dinmun ah i kiihkiit diing uhi: "Huin numei in singkung chu neeh diinga hoih ahi chih leh, mit la mahmah ahi chih leh, mipilsah diinga deihhuaitah ahi chih amuhin agah khenkhat alou a, ane a, huleh a pasal kawmah zong apia a, ama'n zong ane hi."

Guul in Evi kawm ah Pathian tobang na hung hi thei chiin a hilh hi. Hih thu a pom toh kiton in, a pianken sualna ahung ahung pawt a huleh tahsa bangin ahung umta hi. Tuin, tahsa utna ahung luut a huleh theigah chu an diinga hoihin a mu hi. Mit utna ahung luut a huleh huleh theigah chu mitlatu ahung hi hi. Damsung kisahtheihna ahung luut a huleh theigah chu mikhat suhpilna diinga deihhuai ahung hi hi. Evi in hubang utna a pom chiangin, theigah neeh a ut a huleh a ne hi. Hun paisa ah, Pathian Thu manlouhna diing ngaihtuahna himhim a nei sih hi, hizongleh a utna chu suhthathou ahita a, theigah chu hoih leh kilawm in a um hi. Pathian bang ahung hi ut jiahin, a tawp in Pathian thu mang lou in ahung um hi.

Tahsa utna, mit utna, huleh hinkhua kisahtheihna in sualna leh giitlouhna chu hoih leh deihhuai in ahung musah hi. Huh in, tahsa sil ahung khangsah a huleh a tawp in tahsa natoh ahung tong hi. Hujiahin, tahsalam silte paihdohna diingin, hih utna thumte i paihmang masat diing uh ahi. Huchiin i lungtang apat tahsa ngei i paihkhiah diing uhi.

Evi in theigah neeh jiahin bangchibang natna hung tut diing ahiai chih ana he hileh, hichu an diingin a hoih a huleh mit a diinga etlawm ahi ana chi sih diing hi. Hizongleh a ne soitaah louh a va khoih ahiai ahihlouhleh a va et maimai diing zong a ut sih diing hi. Huchi mahbangin, khovel lungsiat in bangchituh a natna hung tut diinga huleh huchia Meidiil gawtna a hung puuhluutsah diing chih ana he chih ana he hilei, khovel i lungsiat het sih diing uhi. Sual-kitaatbaang khovel a silte bangchibang a panna bei ahiai chih khatvei i heet kalsiah, tahsa i lunggulhna baihlamtahin i paihdoh thei diing uhi. Hikhu ka hung soi saau deuh diing hi.

Tahsalam Utna

Tahsa utna chu tahsa hihna nungjuihna leh sual bawlna ahi. Umdan huatna, lungthahna, mahni masialna, thanghuaina lungtang, enna, huleh kisahtheihna, i neih va ahihleh, tahsa utna i tohthou thei hi. Pianken sual kitohthouna dinmun i tuaahkha chiangin lungluutna leh ngaahlelhna ahung halhdoh hi. Hikhu in sualnate chu a hoih leh deihhuai sahna ahung neisah hi. Hih dinmun ah tahsa silt ahung kilangdoh a huleh tahsalam natoh in ahung khangkhia hi.

Etsahna diingin, gingtu thah khat in zudawn tawpsan diingin thupuuhna a la hi, hizongleh zu duhna, huchu tahsa sil, a nei nalai hi. Hujiahin zuzuaahna ahihlouhleh zudawnna mun a, a hohleh, zu dawnna diing tahsah utna ahung thou hi. Hikhu mihing lunggulhna ahung suthou a huleh zudawnna ah ahung tut a huleh zukham in ahung um hi.

Etsahna dangkhat ka hung pe diing. Midang mohsahna leh mohpaihna chiindan i neih leh, midangte thuthang zaah utna i nei diing uhi. Thusia zaah leh thehdalhna leh midangte toh tanchin soi nuam a sa diing uhi. Ei a lungthahna i neih va huleh ei ngaihdan toh kituaah lou khat a um leh, midang tung leh silkhat tung a lungthah chu tualdamhuai leh nuamsa in i um diing uhi. Lungthah diinga tahsa umdante jui lou diinga i kisuum va ahihleh, na sa in huleh thuaah hahsa i sa diing uhi. Kisahtheihna umdan i neih va ahihleh, huchiin i kisahtheihna va mahni kiuahsahna i nei diing uhi. Huleh i kisahtheihna vah zong hutobang umdan juiin midangte'n na ahung sepsah na ut diing uhi. Hauhsatna i lunggulh va ahihleh, midangte suhsiat leh thuaahsahna chiang ah zong hauhsat i sawm diing uhi Hih tahsa utna chu sualna tamsem i bawl uh dungjuiin ahung khang hi.

Hizongleh mi khat chu gingtu thah ahung hih a huleh ginna haat lou nei zongleh, chitahtah a, a haamtei a, membar dangte toh kipawlkhawm a khotuahna a tan a, huleh Hagau Siangthou a, a dim leh, a tahsa utna chu baihlamtahin suhthou in a um sih diing hi. A lungsim ning khat ah tahsa utna hung thou zongleh, thudih toh kintahin a delhdoh thei diing hi. Hizongleh a haamtei zom louh a huleh Hagau Siangthou a dimna a mansah leh, a tahsa utna suhthou kiitna diingin meelmapa dawimangpa leh Setan a diingin mun a pe diing hi.

Hujiahin, tahsa utna paihmang bangchituha poimoh ahiai? Hagau Siangthou a dimna kepbit zing diing ahi huchiin hagau hawlna lunggulhna chu tahsa hawlna lunggulhna a haatzaw diing hi. Hagau lam khanglou zing a i um diing uh ahi 1 Peter 5:8 in ana soi bangin, "Pilvaang unla, kiveeng jingin um un; ajiahchu na khingpa uh diabol chu huumpibahnei hawh bangin aneeh theih diing hawlin avaah lehleh hi."

Hukhu bawlna diingin, kuhkaltaha a tawplou a i haamtei diing uh ahi. Pathian na tong a buaitaha um hizonglei, i haamtei louhleh Hagau Siangthou a dimna a sumang diing uhi. Huchiin tahsa utna thohna diing lampi ahung kihong diing hi. Hichibangin, lungsim ah sual bawl in, huleh natoh ah zong. Hikhu jiahin Jesu, Pathian Tapa nasan in, tawp lou a haamteina etsahna hoihtah leitung a, A hin lai in A lah hi. Pathian toh kihouna diing leh A deihzawng suhbuchinna diinga haamteina A tawp sih hi.

A dihtahin, na sualna na paihmang a huleh siangthouna na tun leh, tahsa utna hungpawtdoh a um sih diing, huleh huchiin tahsa ah na kituluut sih diinga huleh sual na bawl sih diing hi. Hujiahin, suhsiangthou a umte'n tahsa utna beina diingin a haamtei sih diing va, hizongleh Hagau a dimna thupizaw a tanna diing leh Pathian lalgam a lianzaw a tundiingna diingin a haamtei uhi.

I puansilh ah mihing eeh baang taleh bang i chi diai? I paihmang mai sih diing uhi, hizongleh hoihtahin sabon toh a gimsia a beina diingin i sawp diing uhi. I puannaah ah lung ahihlouhleh than um bang hitaleh, limdang i sa mahmah diing va huleh i paihmang diing uhi. Hizongleh lungtang sualna chu mihing eeh ahihlouhleh lung sangin a niinzaw in huleh a siangthou sih zaw hi. Matthai 15:18 a kigial bangin, "Hizongleh kama pawtte chu lungtanga kipana hung pawt ahia, hute'n chu mi asuniin hi," hute'n mihing chu a guh leh a chintuiguh tan a susia a huleh natna tampi a tut hi.

A zi in a pasal chu midang toh kingai ahi chih hedoh leh bsng a chi diai? Amah a diingin bangchituh in ana diai! Hichu a lehlam a kibang ahi. Hikhu in innsung a kituaahna suse diing kinahna a tut diinga, ahihlouhleh nupa kikhenna tanpha a tut diing hi. Hujiahin, tahsa utna chu kintaha i paihmang diing uh ahi ajiahchu hikhu in sual a piangsah a huleh gah deihhuai loute a suang hi.

Mit Utna

'Mit utna' in lungtang chu zaahna leh muhna toh a tohthou a huleh mikhat chu tahsalma silte a hawlsah hi. 'Mit utna' a kichih vangin, mit utna chu mihingte lungtang a muhna, zaahna, leh ngaihtuahna ahung khanlet dungjuia hite tungtawn a hung um ahi. A dihtahin, a muhte leh zaahte un a lungtang uh ngaihtuahna pe diingin a umsah a, huleh hikhu tungtawn in 'mit utna' a nei uhi.

Sil khat na muh chiangin, ngaihtuahna toh na pom a ahihleh, hutobang sil na muh kiit chiangin ngaihtuahna kibang na nei diing hi. A tahtah a na muh louh vangin, huh sil na maimai in zong, hun paisa a na tuaahsa na phawhdoh diinga huchiin na mit utna ahung thoudoh diing hi. Mit utna na tang zing a na um leh, na tahsa utna ahung tohthou diinga, huleh a tawpna ah sual na hung bawl diing hi.

David in Bathsheba, Uriah zi, kisil a muh in bang a chi ei? A mit utna a lamang sih a hizongleh a pom a, huchiin a tahsa utna a thathousah a huchiin numeina lunggulhna ahung neisah hi. A tawp in, numeinu a umpih a huleh a pasal Uriah a sihna diinga galmatawng diinga sawldohna sual tanpha a bawl hi. Hitobang sil bawl in David in a tung ah vaihawm nasatah a tungsah hi.

Mit utna i paihmang louh va ahihleh, eimah a pianken sualna ahung umsah zing hi. Etsahna diingin, milim thanghuai i et va ahihleh, angkawmna lungtang hoihlou ahung neisah hi. Mit a i muh bangmah un, mit utna chu eimah ah ahung um a, huleh Setan in zong thudihlou lam ah i ngaituah ahung kai hi.

Pathian a gingtute'n mit utna i pom kei louh diing uh ahi. Thudih a lou photmah na et ahihlouhleh na za louh diing ahi, huleh thudihlou silte toh kisuhkha theihna mun nasan a i chiah louh diing uh ahi. Bangchituhin haamtei in, an ngawl in, huleh zaankhovaah in haamtei mah zongleh, mit utna na paihmang louh a ahihleh, na tahsa utna ahung haat diinga huleh nasazaw sem in ahung khauh diing hi. A tawpna ah, tahsa chu baihlamtahin paihmag ahi diinga huleh sual douna chu a hahsa mahmah chih na hung phawh diing hi.

Etsahna diingin, gaal kidouna ah, khopi kulhbaang sung a sepaihte'n khopi polam apat in neeh leh taah a dong va, kidouna diingin tha a ngah uhi. Khopi kulhbaang suang meelmate haatna suhsiat chu a baih sih diing hi. Hujiahin, khopi zohna diingin i umkimvel masat uh a ngai a huleh neeh diing himhim huleh an ahihlouhleh meelmate haatna chu sihsiat diing ahi.

Etsahna zangin, khopi ah meelmate thahaatna chu thudihlouh ahihleh, chihchu ei a um tahsa ahihleh, a polam apat haatna behlapna chum it utna ahi diing hi. Mit utna i paihmang louh va ahihleh, anngawlna leh haamteina toh zong mit utna i paihmang zou sih diing uhi, ajiahchu sualna in haatna a mu zing hi. Hujiahin, mit utna chu i paihmang masat va huleh haamtei leh angawl a sualna apat i kihepmang diing uh ahi. Huchiangleh

Pathian khotuahna leh haatna jalin leh Hagau Siangthou a dimna in i paihmang thei diing uhi.

Tehkhinna mawlzaw ka hung pe diing. Tui niin a dim beel khat a tui siang i sun i sun leh, tui niin chu ahung siang hi. Hizongleh tui niin leh tui siang i sun khawm uleh bang a chi diai? Tui niin beel sung a um chu bangtanvei sung zong lechin, tui siang ngen hizongleh ahung siang nei sih diing hi. Huchi mahbangin, thudihloute mawngmawng i pom louh diing uh ahi, hizongleh thudih chauh tahsa i paihmangna diing uleh hagau lungtang i chituhna va i pom diing uh ahi.

Hinkhua Kisahtheihna

Mihingte kisahtheih utna a nei jel uhi. "Hinkhua kisahtheihna' chu "i mihihna a bangmahlouhna leh kisahtheihna um hinkho nopsahna diing toh kisai i neih uh ahi." Etsahna diingin, a inkuante, tate, a pasal ahihlouhleh a zi, puannaah mantam, inn hoih ahihlouhleh kicheina sana a neihte uh kiuahsahpih utna ahi. A hihna uleh a talentte uh mite'n a heet uh a deih uhi. Mi tallang ahihlouhleh mi minthangte toh a kilawmhoihna vah a kichapousah uhi. Hinkho kisahtheihna na neih leh, hauhsatna, minthanna, heetna, talentte, leh hih khovel a hihnate na ngaisang a huleh kuhkaltahin na hawl hi.

Hizongleh hutobang silte kisahtheihpih bang a phatuam ei? Thusoitu 1:2-3 in ni nuai a silbangkim chu bangmahlou ahi a chi hi. Psalm 103:15 a kigial bangin, "Mihing a diingin, a nite chu hampa bang giap ahi; loulai a paah bangin, a dawng hi," chih bangin hih khovel in hihna dihtah ahihlouhleh hinna ahung pe thei sih hi. Hizongleh hichu Pathian a diingin zathahdahhuai ahi huleh hikhu in sihna ah ahung tut hi. Tahsa umzebei i paihmang va ahihleh, kisahtheihna ahihlouhleh utna apat i suaahta diing va huleh huchiin thudih chauh i jui diing uhi.

1 Korinthete1:31 in koipouh kisathei chu Lalpa ah kisathei he chiin ahung hilh hi. Hih umzia chu ei leh ei i kitawisang diing uh ahi sih a hizongleh Pathian loupina diingin. Chihchu, hichu kross leh Lalpa eite hung hundamtu ah leh vaan lalgam eite a diinga hungna guanggalhsahtu a kisahtheihna ahi. Huleh, khotuahna, gualzawlna, loupina huleh Pathian eite ahung piaah jousiah a kisahtheih zawh diing uh ahi. Lalpa a i kisahtheih chiangun, hukhu ah Pathian A kipaah a huleh Ama'n tahsalam leh hagaulam gualzawlna in ahung thuh hi.

Mihingte mohpuaahna chu zahtaattaha Pathian lauhna leh lungsiatna ahi, huleh mihing manphatna chu hagau mi ahihna chiangchiang ah a kinga hi. (Thusoitu12:13).

Khatvei sualnate leh giitlouhna, chihchu tahsa natohte leh tahsalam silte i paihmang a, huleh Pathian liim i neihkiit kalsiah, mi masa Adam dinmun khel ah i kaltou thei hi. Hih umzia chu hagau mite leh hagau buchingte i hung suaah thei uhi. Hujiahin, tahsa a utna toh kisoi diingin bangmah silphatuam i bawlsah diing uh ahi sih a, hizongleh Khrist puansilh toh i kithuam diing uh ahi.

Bung 4
Hagau Hing Dinmun Khel Ah

Tahsalam ngaihtuahna khatvei i suhsiat zoh va ahihleh, tahsa a um hinna natohna a mang hi, huleh hagau a um hinna natohna chauh a um hi. Hinna in a pu chu 'Amen' toh a pu hagau thu a mang hi. A pu in pu mohpuaahna a sep chiangin huleh suaah in suaah na a sep chiang, i hinna uh a khangtou i chi uhi.

Mihing Lungtang Zimtah

Hagau Mi Hung Hihna Diing

Hagau Hing leh Hagau Chituhna

Hagaulam Ginna chu Lungsiatna Dihtah

Siangthouna Lam ah

Naungeeh piangtuung nasan zong mihing ahi hizongleh amaute'n mihing piching bangin a tong thei sih uhi. Heetna bangmah a nei sih uhi. A nulepate nasan uh zong a he sih uhi. Hingdoh diingdan a he sih uhi. Huchibangin, Adam, hagau hing a kisiam in, a tuung in mihing hihna dawl a, a mohpuaahna ana bawl thei sih. Hagau heetna toh ahung dim zoh in mihing umze nei ahung suaah hi. Amah chu silsiam tengteng tung a lal bangin ahung hing a huchia Pathian apat a banban a hagau heetna ahung neih chiangun. Huh laiin, Adam lungtang chu hagau ahung hi a, huchiin 'lungtang' chih thumal zatna diing a ngaihna a um sih hi.

Hizongleh a sual zoh nung in, a hagau a si hi. Hagau heetna chu amah apat in neukhatkhat in ahung kehdoh a, huleh meelmapa dawimangpa leh Setan in a piaah tahsalam heetna toh ahung dimta hi. A lungtang chu 'hagau' a kichi thei nawn sih a, huleh huh hun apat in hichu 'lungtang' a kichi hi.

A tuung in, Adam lungtang chu Pathian hagau hipa lim a kisiam ahi. Adam lungtang chu hagau heetna toh ahung dimna chiangchiang ah suhlet in a um hi. Hizongleh a hagau a sih nung in, thudihlou heetna in a hagau a luahdim hi, huleh tuin a lungtang chu ahung zim mahmahta hi. Hinna mihingte pu hung hi khu tungtawn in, mihingte'n heetna chi tuamtuam ahung thunluut a, huleh hutobang heetna chu lam tuamtuam ah ahung zangta uhi. Heetna tuamtuam dungjui leh heetna kizatna tuamtuam dungjuiin, mihingte lungtang chu lampi tuamtuam ah chiil in a um hi.

Hujiahin, lungtang liantah neite nasan zong mimalkidihsahna, mahni lungputdan leh a ngaihdan un gamgi a khenna chiang kal a chiah thei sih uhi. Hizongleh Lalpa Jesu Khrist khatvei i pom va, Hagau Siangthou i tan a, huleh Hagau tungtawn a hagaute i piansah zoh kalsiah uh, hih gamgi ban khel in i pai thei uhi. Hubanah, hagau lungtang i chituhna chiangchiang vah, hagaulam lalgam gamgibei toh kisai i chiamkha un i zil thei uhi.

Mihing Lungtang Zimtah

Mihingte hinna in Pathian Thu a ngaihkhiah chiangin, thu kisoi chu a huaah ah a luut masa a, huleh mihing ngaihtuahnate a zang uhi. Hikhu jiahin a lungtang utoh A Thu a pom thei sih uhi. A hi diing bangtahin, hagaulam silte a hedoh thei sih va huleh thudih toh amau leh amau a kiheng thei sih uhi. A lungtang zimtah vah hagaulam lalgam heetsiam a tum va, huleh huchiin mohsahna tampi a nei uhi. Bible a ginna pate toh kisai nasan zong heetsiamlouhna leh mohsahna tampi a nei uhi.

Pathian in Abraham kawm a tapa neihsun Isak laan diinga thu A piaah laiin, khenkhatte'n Abraham a diing a hahsa mahmah diing a chi uhi. Hichibangin a chi uhi: Pathian in Abraham ginna etkhiahna diingin nit hum sung Moriah Taang lam zuan a, a pai diing A phalsah hi. A lampaina ah, Abraham in Pathian man diing leh man louh diing tungtaang a ngaihtuahna ah hun hahsa a zang diing hi. Hizongleh, a tawp in ama'n Pathian Thu man diing a tel hi.

Abraham in hutobang buaina a nei tahtah diai? A zi, Sarah dong lou in ziingkal baihtahin a chiahdoh hi. Pathian silbawltheihna leh hoihna misisa kaithoutheipa ah a kingah veh hi. Hikhu jiahin it lou keei in a tapa Isak a pedoh thei hi. Pathian in a lungtang sungnung A mu a huleh a ginna leh a lungsiatna A heetpih hi. A tawp in, Abraham chu ginna a pa ahung suaah a huleh amah chu Pathian lawm chih in a um hi.

Mi khat in ginna leh thumanna Pathian sulungkim thei dinmun a heet louh a ahihleh, hutobang silte toh kisai a hekhial thei hi ajaihchu a lungtang zimtah leh a ginna tehna ah a ngaihtuah hi. Pathian chu a hitheitan a lungsiat leh a sualna paihmang a huleh hagau lungtang chituhna tan chiang a sulungkimte i hethei uhi.

Hagau Mi Hung Hihna Diing

Pathian chu hagau ahi, huleh hujiahin Ama'n A tate zong hagau mite hung hi diingin A deih hi. Tuin hagau mi; a hagau a hinna leh sapum pu hung suaahtate i hung hihna diingun bang ahiai i bawl diing uh? Hite jousiah tung ah, thudihlou ngaihtuahnate, chihchu tahsalam ngaihtuahnate, i paihmang va huchia Setan thununna nuai a i um louhna diingun. Hukhu sangin, Hagau Siangthou thudih Thu tungtawn a i lungtang uh taangsahpa aw i ngaihkhiah uh a ngai hi. Pathian Thu i ngaihkhiaah chiangun, 'Amen' chia i pom va huleh A Thu hagaulam umzia i heetsiam masang uh chihtahtah a i haamtei diing uh ahi.

Hichibang a bawl in, Hagau Siangthou a dimna i tan va ahihleh, i pu uh ahung suaah diing hi, huleh hagaulam kawhna chu Pathian toh niteng a kihou in tung diing uhi. pu uh ahung suaah diing hi, huleh hagaulam kawhna chu Pathian toh niteng a kihou in tung diing uhi. Hichibangin, hinna in a pu, hagau khu, thu a man veh a, huleh suaah banga a gamtat chiangin, i hinna uh a 'khangtou' diing hi. I hinna uh a khantouh leh, sil jousiah ah i khangtou diing va huleh i chidam diing uhi.

Hinna natohdan chiantaha i heetsiam va huleh Pathian deihdan a tunding i sawm va ahihleh, Setan hung chiilna i tang nawn sih diing uhi. Hichibangin, Pathian lim mangsa Adam in a puuh jiah a ana suhmang khu i mukiit diing uhi. Tuin hagau, hinna, leh sapum kikhiahdan hoihtahin ahung kilemthah kiit diing hi, huleh Pathian ta dihtahte i hung hi kiit diing uhi. Huchiangleh hagau hing dinmun, huchu Adam dinmun chiang, peel in i chiah thei diing uhi. Sil jousiah tung a vaihawmna thuneihna leh silbawltheihna i tan diing uh chauh hilou in, hizongleh kumtuang nuamna leh kipaahna vaan lalgam, huchu Eden Huan dinmun sanga sangzaw, i zou diing uhi. 2 Korinthete 5:17 a ana kisoi bangin, "Ajiahchu mi koipouh Khrist a, a um leh, silsiam thah ahung hita hi; sil luuite a beita ah; ngai in, sil thahte ahung tungta hi," Lalpa ah silsiam thah vilvel i hung suaahta diing uhi.

Hagau Hing leh Hagau Chituhna

Pathian thupiaahte sih khenkhat bawl lou diinga hung hilh huleh sil khenkhat keem diinga hung hilhtu i man chiang in, hikhu chu tahsa nasepte i tong va huleh thudih ah i um sih uh chihna ahi. Hichi chiang mah ah, hagau mite i hung hi uhi. Thudih bawl lou tahsa mi i hih sung teng, buaina tuamtuam i nei maithei uh huleh natna i tuaah diing uhi, hizongleh khat vei hagau mite i hung hih uh kalsiah, sil bangkim ah i khangtou diing va huleh i chidam diing uhi.

Huleh, Pathian sil khenkhat paihmang diinga ahung thupiaah dungjuia giitlouhna i paihmang va ahihleh, i 'tahsa silte' leh tahsalam ngaihtuahnate suhsiat ahi diing a, huchiin thudih a hagau i neita diing uhi. Thudih chauh a ngaihtuah i hih jiahin, Hagau Siangthou aw a chiangzosem in i he diing uhi. Pathian thupiaahte zuih diing, bawl louh diing, ahihlouhleh sil khenkhat paihmang diing chia hung hilhtu a i kingah leh, hagau mite tobang a heet in i um diing a huchiin eimah ah thudihlouhna bangmah i nei sih diing uhi. Huban ah, sil khenkhatte bawl diinga hung hilh Pathian thupiaahte a buching a, i bawldoh zoh va ahihleh, hagau buching a um mite i hung hi diing hi.

Huban ah, hih hagau mi leh Adam hagau hing ana hi tegel kikal ah kibatlouhna lianpi a um hi. Adam in mihing chituhna tungtawn in tahsa sil bangmah heetkha ana nei sih hi, huleh huchiin, hagaulam mi buching bangin a kingai thei sih hi. Dahna, natan, sihna ahihlouhleh kikhen tahsa in a umsahte bangmah a hesiam thei sih hi. Hikhu umzia chu, a lehlam ah, kipaahpihna ahihlouhleh kipaahna, ahihlouhleh lungsiatna dihtah ana nei thei sih hi. Amah chu Pathian in lungsiat mahmah zongleh huh lungsiatna chu bangchituha hoih ahiai chih a kipaahpih thei sih hi. Sil hoihpente a zou a, hizongleh a kipaah mahmah bangin a um thei sih hi. Pathian ta dihtah Pathian toh lungtang khat kikop a suaah thei sih hi. Mi khat in tahsa silte pal in huleh hute a hesiam chiangin hagaulam mi dihtah ahung hi thei hi.

Adam chu hagau hing ahung hih in, tahsa sil bangmah a tuaahkha sih hi. Hujiahin, tahsa pom theihna leh dihtatlouhna a nei thei zing hi. Adam hagau chu a dihtahin hagau buching leh dembei ahi sih hi, hizongleh hagau si thei ahi. Hujiahin amah hagau hing a kichi hi, hu umzia chu hagau hing chihna ahi. Huchiin, khenkhat in bangchibang a hagau hing in Setan heemna pom thei ahi diai chiin a dong maithei uhi. Hitah ah tehkaahthu khat ka hung pe diing.

Tehkhinna in insung khat ah naupang thumang mahmah nih a um uhi. Khat chu tuisa in a kibuaahdulh a khat pen chu a kibuaahkha ngei nai sih hi. Ni khat, a nu'n ketli a tuisou a kawh a khoihkha lou diingin a hilh hi. A nu thusoi a mang veu va, huchiin koimah in a khoih sih uhi.

Hizongleh a tate laha khat in ketli a tuisou lauhhuaidan a heta a, huchiin thumangtahin a um hi. Huleh a nu lungtang amaute lungsiat leh thuhilh a amau kepbit sawm chu a hesiam hi.

A lehlam ah, naupang khatpen hutobang sil tuaahkha lou in ketli a tuihu hung pawtdoh a muh in heet utna nei in a um hi. Ama'n a nu siltup a hesiam thei sih hi. A heet utna jiahin ketli sa a va khoihna tum diing hun lemchang hawl in a um zing diing hi.

Hichu Adam hagau hing dinmun toh a kibang hi. Sualna leh giitlouhna chu a lauhhuai hi, hizongleh ama'n hute a tuaahkha ngei sih hi. nd evil are fearful, but he had never experienced them. Amah a diingin sualna leh giitlouhna bang ana hi ahiai chi heet chet na diing lampi a um sih hi. Ama'n ana tuaahkha ahih louh jiahin, Setan heemna amah deihtelna in ana pom a huleh theigah neeh louh diing a neta hi.

Adam, hagau hing sil tuamtuam kichimattuahdan na he lou, bang lou Pathian in ta dihtahte, tahsa hekhasate, hagau lungtang nei a huleh bangtobang dinmun hizongleh a lungsim uh heng lou diingte, A deih hi. Tahsa leh hagau kikhiatna kikal hoihtahin a hesiam uhi. Hih khovel sualnate leh giitlouhna, natna, leh dahna a hesiam va, huchiin tahsa chu bangchituha thuaahhah, niin leh umze nei lou ahiai chih a he uhi. Huleh amaute'n hagau, tahsa lang a ding zong a hesiam uhi. Bangtobang a hikhu kilawm leh hoih ahiai chih a he uhi. A deihtelna utoh, tahsa a pom kiit sih diing uhi. Hichu hagau hing leh hagau chituh a um kikal kibatlouhna ahi.

Hagau hing in a jiah bei in thu a mang va huleh hagau chituhna in chu a hoih leh gilou a tuaahkha zoh chiangin lungtang apat in thu a mang diing hi. Huban ah, huh hagau mite a sualnate uleh a giitlouhna uh paihmangtate'n Vaangam umna mun tuamtuamte lah ah Vaangam lalgam thumna a luutna gualzawlna a tang diing uhi huleh hagau buching mite, Jerusalem Thah khopi ah.

Hagaulam Ginna chu Lungsiatna Dihtah Ahi

I ginna lampi a i pai laiin khatvei hagau mite i hung hih uh kalsiah, kawhna chituam khat buchingtah ah kipaahna leh nuamna i tang thei diing uhi. Lungtang ah hamuanna dihtah i nei diing uhi. Thessalonikate 5:16-18 a kisoi bangin i kipaah zing un, tawp lou a haamtei in, huleh silbangkim ah kipaahthu soi thei in i um diing uhi. Kipaahna dih piaahna ah, Pathian lungtang leh deihna i hesiam va, huchiin Pathian chu lungtang dihtah toh i hesiam un huleh A kawm ah kipaahthu i soi thei uhi.

Pathian chu lungsiatna ahi chih i zata uhi, hizongleh hagau mite i hung hih masang un, huh lungsiatna i he tahtah thei sih uhi. Mihing chituhna tungtawn a Pathian silpiaah i heetsiam zoh chiang chauh un, Pathian chu lungsiatna ngei ahi a huleh silbangkim tung a, a khatna a Amah i lungsiat diingdan bangtobang ahiai chih thuuhtahin i hung hesiam uhi.

I lungtang apat tahsa i paihmang louh sung teng, i lungsiatn leh i kipaahthu soi chu thudih ahi sih hi. Pathian i lungsiat a huleh A tung ah i kipaah chi zonglei, ei a diinga lawhna a um nawn louh chiangin i paina lampi i heng thei uhi. Sil hoih a um chiangin i kipaah i chi uhi, hizongleh hun tam lou nung in khotuahna i manghilh uhi. I mai a hun hahsa a um leh, khotuahna heet sangin, lungkia ahihlouhleh lungthah hial in i um uhi. I kipaahna uh leh khotuahna i tan uh i manghilh uhi.

Hizongleh hagau mite kipaahthu soi a lungtang sungnungpen va pat hung pawtdoh ahi a, huchiin hun pai jel toh kiton in zong a kiheng sih hi. Amaute'n Pathian mihingte bangchituhin amau apat in thuaahzohlouh khop natna hung pawtna himahleh, chituhtu silpiaah a hesiam uhi, huleh kipaahna piaahna dihtah a lungtang uh thuuhpen apat pia in a um uhi. Huleh, amaute'n Lalpa Jesu eite a diinga kross potu leh Hagau Siangthou thudih a hung puitu kawm ah lungsiatna dihtah leh kipaahthu soina a nei uhi. A lungsiatna leh a kipaahna thusoi uh a kiheng ngei sih hi.

Siangthouna Lam ah

Mite chu sualna toh suhsiat in a um uhi, hizongleh amaute'n Jesu Khrist a pom va huleh hutdamna khotuahna a tan chiangun ginna leh Hagau Siangthou silbawltheihna tungtawn in kiheng thei in a um uhi. Hagau hing dinmun khel ah a huchiin a chiah thei uhi. Amau apat thudihlou a paimang na chiangchiang leh thudih a, a dimna jiah in, amau a siangthouna tungtawn in hagau a mite ahung suaah uhi.

Hun tamzaw ah, mite'n sil giloute a muh chiangun, amau a thudihlou um a muhte uh gawmkhawm in, huchiin gilou in a ngaihtuah uhi. Hichibangin, gamtatna giloute sulang in a um uhi. Hizongleh kisusiangthoute'n amau ah thudihlou bangmah a nei sih uhi, huleh hujiahin amaute apat in ngaihtuahna gilou ahihlouhleh gamtatna gilou ahung pawtdoh sih hi. Khatna ah sil gilou a mu sih uhi, hizongleh hutobang silte mu mahleh uh, hih silte chu hagau ngaihtuahna gilou ahihlouhleh gamtatna gilou toh kizopna a nei sih hi.

I lungtang sungnung a kikoih giitlouhna nasan botdoh a dem baanglou ahihlouleh a pawl khat um louh keeina lungtang siang i chituh i chituh va ahihleh suhsiangthou in i um i kichi thei uhi. Hagaulam chauh ngaihtuahna neite, chihchu thudih chauh a mu, za, haam, leh gamtate chauh hagaulam dinmun khel a chiah Pathian ta dihtahte ahi uhi.

1 Johan 5:18 a kigial bangin,, "Koipouh Pathian a piang chu asual jing sih chih i he hi; hizongleh Pathian a piangpain amah akikola migiloupa'n akhoihkha sih hi," hagaulam lalgam ah, silbawltheihna chu suallouhna ahi. Sualna neih louhna chu sianghouna ahi. Hikhu jiahin hagau hing Adam kawm a kipia thuneihna, huleh meelma dawimangpa leh Setan sualnate paihna chiangchiang a zohna leh thuneihkhumna, i nei kiit thei uhi.

Hagau a mite i hung hih uh kalsiah, dawimangpa'n ahung khoihkha thei sih a, huleh hagau buching mite i hung hih va huleh hoihna leh lungsiatna i tunding uh kalsiah, Hagau Siangthou natoh haattah i hung bawl thei diing va huleh sil thupi leh liantah i hung bawl diing uhi.

Kisusiangthou in hagau mite leh hagau buchingte i hung suaah thei uhi (1 Thessalonikate 5:23). Pathian mihingte chituhtu, huleh ta dihtahte neihna diinga hun sawtpi ana thuaahzou toh kisai i ngaihtuah ahihleh, hinkhua a sil umze neipen chu hagau leh hagau buching mite hung hih ahi.

Hagau, Hinna, huleh Sapum: Khil 17

Khen 3

Hagau Muhdoh Kiitna

Tahsa A Mi Ka Hiai Ahihlouhleh Hagau A Mi?
Hagau leh Hagau Buching Kibatlouhna Bang Ahiai?

"Jesu'n a dawng a, "Chitahzetin, chihtahzetin,
Ka hung hilh ahi, koipouh tui leh Hagau a, pian louhleh
Pathian lalgam a luut thei sih diing hi.
Tahsa a piang chu tahsa ahi,
huleh Hagau a piang chu hagau ahi.'"
.(Johan 3:5-6)

Bung 1
Hagau leh Hagau Buching

A hagau uh a si ahihjiahin, mihingte'n hutdamna a mamoh uhi. I Khristian hinkhua chu hagau suhhalh a, a um nung hung khandan khu ahi.

Hagau Bangahiai?

Hagau Muhdoh Kiitna Diing

Hagau a Khanna Paidan

Lei Hoih a Chituhna

Hagau Paina

Hagau Buching a Umna Chetna

Hagau leh Hagau Buching a Um Mite Kawma Gualzawlna

Kipia

Mihing hagau chu Adam'n sualna jiahin a sita hi. Huh hun a kipat in a hinna uh chu a pu uh ahung suaah hi. Amaute;n thudihloute a pom zing va huleh a utna uh a jui uhi. A tawp ah, hutdamna a tang thei sih uhi. Hinna Setan thuzohna nuai a um in a thuneihkhum jiaihin, sual a bawl va huleh Meidiil a luut uhi. Hukhu jiahin mihing photmah hutdam a ngai uhi. Pathian in mihing chituhna tungtawn hutdam hung hi diing ta dihtahte A hawl hi, a dihtahin hagau leh hagau buching A hawl hi.

1 Korinthete 6:17 in a soi bangin, "Hizongleh koipouh Lalpa toh kizop chu Amah toh hagau khat a hita uhi.

Jesu Khrist i pomtaah jalun, Hagau Siangthou panpihna tungtawn in thudih toh i hung khosakahwm thei uhi. A buching a thudih toh i hin va ahihleh, hih umzia chu Lalpa lungtang nei hagau a mite ahung suaah uh chihna ahi. Hagau khat hung suaah mahlei, ahihvangin, Pathian hagau leh mihing in kibatlouhna nasatah a nei hi uhi. Hichu Lalpa toh khat hagau khat a i hung um hun uh ahi, ahihvangin, Pathian hagau leh mihingte hagaute chu a kibang het sih hi. Pathian chu tahsa nei lou hagau ahi, hizongleh mihing hagau a sapum ah a um hi. Pathian in vaangam a um hagau lim a nei hi, ahihvangin, mihingte'n leitang apat a hung um leivui tahsapum ah hagau lim puaah a nei uhi. Siamtu

Pathian leh mihing silsiam hite kikal ah kibatlouhna liantah a um ngei hi.

Hagau Bang ahiai?

Mi tampite'n 'hagau' kichi thumal chu 'hinna' thumal zatpolh theih in a ngaihtuah uhi. The Merriam-Webster's Dictionary in hagau chu 'tahsa hinna nei kawm a hinna petu suhhing, ahihlouhleh muhtheihlouh sil hing,' ahi a chi hi. Hizongleh Pathian mitmuh in hagau chu a si thei lou, a mang ahihlouhleh kiheng ngei lou hizongleh kumtuang a um sil khat ahi. Hichu hinna leh thudih ngei ahi.

Hih leitung a silkhat hagau nungchang nei i muhdoh sawm a ahihleh, hichu sana ahi. Hun bangtan kivei zongleh a tle chu a kiheng sih hi, huleh hichu a muat ahiai ahihlouhleh a kiheng ngei sih hi. Hikhu jiain Pathian in ginna uh chu sana sianthou toh ahung the a huleh Vaangam a innte chu sana leh suangmantamte toh ana bawl hi.

Mi masapen, Adam, in Pathian in naah a, A hu A haihkhum chiangin Pathian hihna dihtah bangzahahakhat a tang hi. Amah chu hagau bukim lou a tang hi. Amah chu hagau bukim lout oh siam ahi. Hikhu jiah ahihleh amah a diingin tahsalam mi a leitang umdan a, kileh kiitna diingin hihtheihna a um hi. Amah chu 'hagau' chauh ahi sih hi. Amah chu 'hagau hing' 'sil hing' ana hi hi.

Bang diinga Pathian in Adam chu hagau hing a ana siam ahiai? Hikhu jiah ahihleh Ama'n Adam chu mihing chituhna tungtawn a tahsa umdan hekha a huchia hagau hing hihna khela pai diinga A deih ahi. Hichu Adam ah zat theih ahi sih, hizongleh Adam tung ah hikhu zat ahi sih hi, hizongleh hichu a suante tengteng tung a um sil ahi. Hikhu jiahin Pathian in Hundampa Jesu, huelh Panpihtu Hagau Siangthou kumte ma pehin ana guanggalh hi.

Hagau Mudoh Kiitna Diing

Adam chu hagau hing bangin hun simseenglouh sung Eden Huan ah ana khosa hi, hizongleh a sualna jiahin Pathian toh a kizopna uh a tanta hi. Huh laiin, Setan in a hinna tungtawn in thudihlou heetna a chituh hi. Huchibang kal ah, hagau heetna Pathian in ana piaah chu ahung mang panta a huleh tahsa silte Setan in ana piaah thudihlou heetna in a luahsuan hi.

Hun hung pai jel in, tahsa silte in mihing ahung sudim hi. Thudihlou in mihing ah hinna chi ahung tuam in a susia hi. Hichu hinna chi khu thudihlou in a tuunmang a huleh khaahbing bang ahi a huchiin taangzoulou keei in ahung um hi. Bangmah bawl thei lou keei a hinna chi a umna dinmun a, hagau chu a 'si' ahi i chi uhi. Hagau a si chih ahih chiangin a umzia chu Pathian Vaah hinna chi suhaattu a mang chihna ahi. Tuin, hagau suhalhna diingin bang ahiai i bawl diing uh?

Khatna ah, tui leh Hagau a i pian diing uh ahi.

Pathian Thu thudih i ngaihkhiaah va Jesu Khrist i mimal Hundampa va i pom uleh, Pathian in i lungtang vah Hagau Siangthou chu silpiaah in ahung piaah hi. Jesu'n Johan 3:5 ah, hichiin a chi hi, "Chitahzetin, chitahzetin, ka hung hilh hi, koipouh tui leh Hagau a, a pian louhleh Pathian lalgam a luut thei sih hi." Hikhu apat in tui, huchu Pathian Thu, huleh Hagau Siangthou a i pian zoh chiang chauhin hutdam in i um thei pan uhi.

Hagau Siangthou chu i lungtang vah ahung luut va huleh i hinna chi uh haat kiitna diingin na a tong hi. Hichu i hagau sisa suhalhna ahi. Ama'n tahsa thudihhloute paihmangna diingin ahung panpih a, hinna natoh thudihhloute a susia a huleh thudih heetna in ahung chawm hi. Hagau Siangthou i suhthah louh va ahihleh, i hagau si chu suhhalh kiit theih ahi sih a huleh Pathian Thu ah hagaulam umzia i hesiam thei sih uhi. Thu i heetsiam theihlouh chu i lungtang ah phuhluut theih ahi sih a huleh hagaulam ginna i nei thei sih hi. Hagau Siangthou kithuahpihna chauh toh hagaulam heetsiamna leh lungtang apat gintaatna diing ginna i thei hi. Hiteng toh kithuahin, Pathian Thu zuihna diing haatna i tang thei a huleh i haamtei chiangin hu dungjuiin i hing thei hi. Haamteina tungtawn a Amah panpihna bei in, Thu zuihna diing haatna a um sih hi.

Nihna ah, Hagau tungtawn a hagau piansah zing diing uh ahi.

Hagau Siangthou tanna jala i hagau sisa uh khatvei i suhalh uh kalsiah, thudih toh i hagau uh i suhdim zing diing uh ahi. Hichu Hagau tungtawn a hagau piansahna ahi. Hagau Siangthou kithuahpihna toh sual dou diinga sisan pawt khopa i haamtei utoh kiton in, lungtang a giitlouhna leh thudihlouhna a chiahmang diing hi. Hubanah, Hagau Siangthou apat i don uh thudih heetna, lungsiatna, hoihna, thudihna, kingaihngiamna, huleh thunuailuutna chihte i neihna chiangchiang vah, lungtang thudih leh hoihna i neih beh semsem diing hi. Soidan tuam in, Hagau Siangthou tungtawn a thudih pomna chu Adam puuh nung a dihtatlouhna mihingte laha hung tung khuh lehlam a kalsuanna ahi.

Bangteng hileh, Hagau Siangthou tanga hizongleh a lungtang uh heng lou mi tampi a um uhi. Hagau Siangthou deihzawng in a kalsuan sih va hizongleh tahsa utna juiin sualna ah a hing zing uhi. A masa in, sualnate paihmang a sawm va, hizongleh bangtan chiang ahakhat apat in a sual douna uh kholsan in lum lah lum lou vot lah vot lou in a um uhi. Sual douna a khawlsan utoh kiton in, khovel toh kilawmta in a um va ahihlouhleh sual a bawl uhi. A lungtang uh hung siangthou deuhdeuh leh ngou deuhdeuh khu sual suhbuaah in ahung um kiit uhi. Hagau Siangthou tang mahzonglei, i lungtang uh chu thudihlou a diah a, a um zingleh, eimah a hinna chi in thahatna a ngah thei sih hi.

1 Thessalonikate 5:19 in hichiin angna thuhilh hi, "Hagau sumit sih uh." A hing i hi uh chih theihna min dinmun i tung maithei uhi, hizongleh Hagau Siangthou i tan nung va zong kiheng lou a i um zing nalai uleh, a si i hi uhi (Thupuandoh 3:1). Hujiahin, Hagau Siangthou tang mahzonglei, hih Hagau Siangthou chu sual leh gilou a i hing zing va ahihleh awlawl in ahung mit diing hi.

Hujiahin, i lungtang uh thudih lungtang ahung hih masang hen sawm in i um gige uhi. 1 Johan 2:25 ah hichiin a kisoi hi, "Hichu Amah Ngei in thuchiam eite a diinga A bawl ahi:

kumtuang hinna." Ahi, Pathian in thuchiam ahung pia hi. Hizongleh, hutoh kiton in i bawl diing khat a um hi.

Hichu kumtuang hinna hung pe diinga Pathian apat i za Pathian Thu zuihna tungtawn a Lalpa leh Pathian toh pumkhat a i diing uh ahi. Lalpa ah ka gingta chi zonglei Pathian leh Lalpa a i um louhleh hutdamna i tang thei sih hi.

Hagau Khanna Lampi

Johan 3:6 in hichiin a chi hi, "Tahsa a piang chu tahsa a, huleh Hagau a piang chu hagau ahi. Gelh ahih bangin, tahsa a i um sung teng hagau i piangsah thei sih hi.

Hujiahin, Hagau Siangthou khatvei i tan a huleh i hagau si ahung halhkiit kalsiah, hagau chu a khan zing diing ahi. Naungeeh khat hoihtaha khang lou in ahihlouhleh khang nawn keei sih leh bang a chi diai? Naupang hindan pangai in a hing thei sih diing hi. Hichu hagaulam sil toh a kibang hi. Pathian tate hinna ngahte'n a ginna uh a khansah zing va huleh a hagau uh a khansah diing uh ahi. Bible in michih ginna buuhna chu a kibang sih a chi hi (Romte 12:3).1 Johan 2:12-14 ah, ginna dan tuamtuamte toh kisai, naupang neuter, naupangte, khanglaite, leh pate ginna tungtaang ahung hilh hi:

Tate haw, a min jiaha na sualnate uh ngaihdam ahih taah jiahin na kawmvah ka gial ahi.Pate haw, achiil a'pata um, amah na heet jiahun na kawmvah ka gial ahi. Tangvaalte haw, giloupa chu na joh taah jiahun na kawmvah ka gial ahi. Tate haw, Pa chu na heet taah jiahun na kawmvah ka gial ahi. Pate haw, achiil a'pata um, amah na heet taah jiahun na kawmvah ka gial ahi. Tangvaalte haw, na haatva, Pathian thu nang u'a aum jinga, huleh giloupa chu na joh taah jiahun na kawmvah ka gial ahi.

Lungtang dih i neihna diing va ei leh ei i kihenna chiangchiang ah, Pathian in tunglam apat in ginna ahung piaah hi. Hichu lungtan g, 'Hagau tungtawn a hagau piansahna diing,' apat gintaatn theihna diing uh ginna ahi. Hichu Hagau Siangthou silbawl ahi: Hagau Siangthou in hagau i piansah diing ahung phalsah a huleh i ginna khanna diingin ahung panpih hi. Hagau Siangthou i lungtang a hung luut in sualna, dihtatna, leh vaihawmna tungtaang ahung hilh hi (Johan 16:7-8). Jesu Khrist gingta diingin ahung panpih hi.

Ama'n Pathian Thu a um hagaulam umzia heetsiamna diing leh i lungtang va pomna diingin ahung panpih hi. Huchi bangin, Pathian lim mudohkiit in huleh Pathian ta dihtah, hagau leh hagau buching mite, ahung hisah hi.

I hagau khanna diingin, tahsalam ngaihtuahna i suhsiat masat uh a ngai hi. Tahsalam ngaihtuahnate chu i lungtang apat thudihlou hinna thudihlou natohna tungtawn a ahung pawtdoh chiangin a kisiam hi. Etsahna diingin, na lungtang a gilou na pai a huleh mikhat in ahung soisiat na zaah leh, hinna thudihlou natohte na nei masa diing hi. Tahsalam ngaihtuahna nei in hu mipa chu a gilou chiin na ngaihtuah in, huleh nuammoh na sa in huleh ngaihtuahna hoihlou dangte ahung pawtdoh diing hi.

Hi laitahin Setan ahi hinna thununtu. Setan chu ngaihtuahna gilou hung neisahtu ahi. Hih hinna natohnate tungtawn in, lungtang a thudihlou tahsa silte, lungthahna, huatna, ngaihnoplouhna, huleh kisahtheihnate suhhalh in a um hi. Midangte heetsiam sawm sangin hutobang mite va kimaituahpih na ut diing hi.

Hih tahsalam silte a malam ana kisoite zong tahsalam ngaihtuahna ah a um hi. Mikhat mimal-kidihsahna, mahni kingaihtuahna, ahihleh mahni ngaihdante chu hinna natohna tungtawn in ahung pawtdoh a, hute zong tahsa silte ahi. Etsahna in mikhat in ngaihtuahna hichibangin ginna ah dettaha din diing ahi chih a nei hi. Huchiin ama'n amah ngaihdan dih ahi chia paipih in midang toh a ginna uh phaahna chiang a ngaihtuah ngaina mun leh midangte dinmun a heetsiamna diing mun ah zong amah chauh ngaihdan paipih in a um hi. Huleh etsahna in mikhat in silkhat chauh ah a lungsim koih in huleh a dinmun ngaihtuahin silkhat bawldoh diing a hahsa diing chiin a ngaihtuah hi. Huchiin hikhu zong tahsalam ngaihtuahna ahi.

Lalpa Jesu pomna jala Hagau Siangthou tan nung in zong, tahsa i paihkhiaah louhna chiangchaing vah tahsalam ngaihtuahna i nei nalai diing uhi. Thudih heetna chihchu Pathian Thu i pholhdoh chiangun hagaulam ngaihtuahna i nei uhi, hizongleh thudihlou heetna i pholhdoh chiangun tahsalam ngaihtuahna i nei uhi. Hagau Siangthou in tahsalam ngaihtuahna i neihna chiangchiang vah thudih heetna a umsah thei sih hi.

Hujiahin Romte 8:5-8 ah hichiin a kigial hi, "Bangjiahin ahiai ichihleh tahsa daana umte'n tahsa lam silte alunggulh veu uhi; hizongleh Hagau daana umte'n chu Hagau lam silte alunggulh uhi. Ajiahchu tahsa lam silte lunggulh chu sihna ahi a; hizongleh Hagau lam silte lunggulh chu hinna leh hamuanna ahi. Sa lam lunggulh chu Pathian toh kidouna ahih jiahin; huchu Pathian daan nuaiah aum sih a, um zong aum theilou him ahi. Huchiin tahsa-a umte'n Pathian akipaahsah thei sih uhi."

Hih changte'n i tahsalam ngaihtuahna i suhsiat chiang chauhin hagaulam dinmun i tung thei uhi chih a kawh hi. Tahsa a umte'n tahsalam ngaihtuahna a nei zing va, huleh huchiin, ngaihtuahna, thusoi, leh umdan Pathian toh kikal a nei uhi.

Tahsalam ngaihtuahna jiah Pathian douna etsahna kichianpen chu 1 Samuel 15 a Kumpipa Saul thu ahi. Pathian in Amalek dou diingin huleh bangkim suse veh diingin thu A piaah hi. Hichu hun paisa a Pathian a douna jiah va a tung va gawtna kipiaah ahi.

Hizongleh Saul in gal a zoh in, Pathian kawm ah ka pe nuam chiin ganhon ahung la hi. Amalek kumpipa zong that lou in ahung man hi. A natoh chu a kisial ut hi. A duhamna leh kichapousahna apat hung pawtdoh tahsa ngaihtuahna jiahin thu a mang sih hi. A duhamna leh chapouna jiaha a mit suhtawt a, a um dungjuiin, tahsalam ngaihtuahna a zang tou jel a huleh a tawp in dahumtah sihna a tuaah hi.

Tahsalam ngaihtuahna i neihna jiah uh pipen ahihleh i lungtang va thudihlou i neih jiah uh ahi. I lungtang va thudih heetna chauh i neih va ahihleh, tahsalam ngaihtuahna i nei ngei sih diing uhi. Tahsalam ngaihtuahna nei loute'n amah leh amah in hagaulam ngaihtuahna a nei diing uhi. Hagau Siangthou aw leh puihuaina a jui va, huchiin Pathian in A lungsiat thei a huleh A natohte a mu uhi.

Hujiaihin thudihlou chu kuhkaltaha i paihmang uh a ngai a

huleh thudih heetna, chihchu Pathian Thu, a i kisuhdim diing uh ahi. Thudih heetna a kisuhdim kichi in a lubuuh chauh va heet chihna ahi sih a, hizongleh Pathian Thu toh i lungtang uh i dimsah va huleh i chituh diing uh ahi. Huchi mahbangin i mimal ngaihtuahnate uh chu hagaulam ngaihtuahna a i hen diing uh ahi. Midang toh i kihou chiang va ahihlouhleh siltung i muh chiangun, mite i mohsah va i mohpaih louh diing uh ahi, hizongleh thudih a muh i tup diing uh ahi. Midangte hoihna, lungsiatna, huleh thudihna toh hun teng in i bawl viai, huchia i hen theihna diingin, chih i kivel gige diing uh ahi. Hichibangin i hagaulam ah i khangtou thei uhi.

Lei Hoih Chituhna

Thupilte 4:23 in hichiin a chi hi, "Bangteng saangin na lungtang veeng hoih inla; ajiahchu hikhu apatin hinna ahung umdoh ahi." Hichiin a chi hi hinna kumtuang hinna hung petu chu kipatna chu lungtang ahi. Loulai a haichi i chiin a, huchia a hung pou a, paah a, huleh gah ahung suang chiang chauh in a gah a kila thei hi. Huchi mahbangin, Pathian Thu haichitang chu i lungtang loulai a, a tuh chiang chauh in hagaulam gahte i suang thei pan uhi.

Pathian Thu, hinna kipatna, in lungtang a chituh ahih chiangin umdan chi nih a nei hi.

I lungtang apat in sualnate leh thudihloute a kalhkhia a, huleh gah a suangsah hi. Bible in thupiaah thupitahtah tampi a tuunkhawm hi, hizongleh thupiaahte a nuai sehlite bangin a kikhen hi: Bawl in; bawl sin; keem in; huleh sil khenkhat paihmang in. Etsahna diingin Bible in duhamna leh gilou chinteng 'paihmang' diingin ahung hilh hi. Huleh 'Bawl sin' chih etsahna chu 'ho sin, ahihlouhleh 'mohsa sin' ahi. Hih thupiaahte i man va ahihleh, i lungtang va pat in sualnate kaihdoh ahi diing hi. Hih umzia chu Pathian Thu chu i lungtang vah ahung luut a huleh i lungtang uh lei hoih ah a tuh hi.

Hizongleh lei chu kalh lou a i um leh bangmah a phatuam sih diing hi. Lou kikalhsa ah thudih leh hoihna haichitang i theh diing uh ahi huchiin Hagau Siangthou gah kuate i suang thei diing va huleh Hamphatna gualzawlna leh hagaulam lungsiatna gah i pai diing uhi. Gah suang kichi chu sil khenkhat keem diing leh bawl diing thupiaahte man ahi. Pathian thupiaahte i kep va i bawl uleh a tawp chiangin gah i suang diing uhi.

Hagau mi hihna lampi patna diingin, hih bung a bullam a 'Chituhna' kisoisa bangin i lungtang loulai va haichi chiinna toh kibang ahi. Lei kalh in haichi chiinlouhna leitang, suanghumte ladoh in, huleh lingte botdoh in lei hoih a suaahsah theih hi. Huchi mahbangin, tahsa natohte jousiah leh tahsa silte jousiah sil khenkhat Pathian Thu in 'Bawl sin,' huleh 'Paihmang in' chia hung hilh mang in i paihmang diing uh ahi. Mi chinteng in gilou chi tuamtuam I nei chiat uhi. Hujiahin, gilou zung paihdoh hahsa i sahpen uh i paihmang va ahihleh, gilou dangte jousiah hutaha belh teng ahung pawtdoh diing hi. Etsahna diingin, thangsiatna hau mahmah khat in thangsiatna a paihmang a ahihleh, huh toh kithuah gitlouhna dangte, huatna, soisiathaatna, huleh dihtatlouhna zong paihdohkhawm ahi diing hi.

Lungthahna jungpi i kaihdoh va ahihleh, gilou dang

lungkimlouhna leh dahna zong paihdohkhawm ahi diing hi. Haamtei a huleh lungthahna i paihmang sawm va ahihleh Pathian in khotuahna leh haatna ahung pia a huleh Hagau Siangthou in paihmang diingin ahung panpih hi. I niteng hinkhua va thudih Thu i zat zing va ahihleh, Hagau Siangthou a dimna i nei diing uhi, huleh tahsalam haatna ahung dau diing hi. Mikhat chu ni khat sawm vei a lungthah hi, hizongleh kua vei, sagih vei, huleh nga vei a ahung kiam leh a tawpkhong in ahung bei diing hi. Hichibang a bawl in, i sualna jousiah paihmang a i lungtang uh lei i suaahsah va ahihleh, hih lungtang chu 'hagau' lungtang ahung suaah diing hi.

Hite teng tung ah, Thu dih sil khenkhat bawl diing leh kep diing, lungsiat diing, ngaihdam diing, mite natohsah diing, huleh Khawlni tang diing chihte hung hilhtu i suan diing uh ahi. Hitah ah, thudihlou jousiah i paihmang zoh chiangin thudih in eimah leh eimah i kisudim uh ahi sih hi. Thudihlou paihmang leh thudih a, a mun luahsahna chu a hun kibang a, a um diing ahi. Hichibang a khatvei i lungtang va thudih chauh i neih chiangun, hagau a mi i kichi thei diing uhi.

Hagau mi i hung hihna diing va i paihmang diing uh khat chu gilou, chih chu i sual bulpi uh ahi. Lei toh i tehkaah a ahihleh, hih sual bulpi sualna chu lei umdan toh a kibang hi. Hih giitlounate chu nulepate apat in naupangte kawm ah hinna-tha ahihlouhleh 'chi' kichu tungtawn in a kipesawn hi. Huleh, i khan lai va sil giloute toh i kisuhkha va ahihleh, i hinkhua uh chu a gilou sem hi. I pianken umdan va gilou chu siltuaah maimai ah a kilang sih a, huleh heetdoh a hahsa mahmah hi.

Hujiahin, sualna leh giitlouhna a polaang a kilang jousiah

paihmang mahzonglei, giitlouhna eimah a thuuhtah a um paihmang chu a baih keei sih hi. Hikhu i bawlna diingin, chih tahtah a i haamtei va huleh a muhdohna diinga pan la a i paihmang diing uh ahi.

Dinmun khenkhat ah, i hagau khanna ah bangtanahakhat chiang i tun chiangin khawlna khat i nei uhi. Hikhu chu eimah gilou um jiah ahi. Lingbuhte laahdohna diingin, a zung apat i bohdoh uh a ngai hi, huleh a tehte chauh hilou in a kung zong. Huchi mahbangin, hagau lungtang chu eimah a gilou umte i heetdoh va huleh i paihkhia zoh chiang un i nei thei pan chauh uhi. Khatvei hichibang a hagau mi i hung hih uh kalsiah, i sia leh pha heetna chu thudih ngei a hung hi diing a, huleh i lungtang uh chu thudih chauh toh suhdim in a um diing hi.

Tahsa Sulnung

Hagau mite'n a lungtang vah gilou a nei sih uhi, huleh Hagau dim ahihjiahun a kipaah zing uhi. Hizongleh hichu a sil bukim ahi sih hi. 'Tahsa sulnung' a nei zing nalai uhi. Tahsa sulnung chu mi khat mihihna ahihlouhleh a umdan bulpi toh kizopna nei in a um hi. lete. They still have 'traces of flesh'. Etsahna diingin, khenkhat chu thudih leh dihtat leh chiangtah ahi, hizongleh amaute'n kiphalna leh hehpihsiamna a nei sih uhi. Khenkhat dangte chu lungsiatna a dim huleh midangte sil piaah ah nuam a sa uhi, hizongleh a nehnou un ahihlouhleh a hamkam uleh a nungchang uh a huham hi.

Hitobang nungchangte chu tahsa sulnung a mihihna va um ahi a, hagau a, a luut nung un zong a um zing nalai hi. Hichu puansilh a niin ana baangsa um toh a kibang hi. Bangchituhin sawp mah zonglei a rong pangai in a um kiit thei nawn sih hi.

Hih tahsa sulnung chu giitlouhna a kichi thei sih a, hizongleh hute i paihmang veh va huleh Hagau gah kuate a i kisuhdim diing uh ahi. Lungtang thudihlouhna um lou keei hoihtaha kikalh lout oh kibang chu hagau i chi thei hi. Haichitang chu hoihtaha-kitheh lungtang-loulai a, a kitheh a huleh hagaulam gah kilawmtahte ahung suang chiangin hih lungtang chu 'hagau buching' lungtang a kichi thei hi.

Kumpipa David chu hagau a hung um chiangin, Pathian in a tung ah sawina A umsah hi. Nikhat David in Joab kawm kisimna nei diingin thu a piaah hi. Hih umzia chu gaal dou thei diing mihing bangzah um ahiai chih simna ahi. Joab in hikhu Pathian mitmuh sil kilawm ahi sih chih a he a huleh David kawm ah hikhu bawl lou diingin a kun hi. Hizongleh David in a ngaikhe sih hi. A tawp in, Pathian lungthahna ahung tung a, huleh mihing tampi natna hipi jiahin a sih uhi.

David in Pathian deihzawng hoihtahin a he a, ahihleh bang diinga hitobang sil tungsah thei ahiai? David chu Kumpipa Saul in hun sawtpi ana delh a huleh Gentelte toh tampivei ana kidou uhi. Khatvei chu a tapa ngei in ana delh in a hinkhua tanpha lauhthawnghuai dinmun ah a ding hi. Hizongleh hun sawttah nung in, a vaihawmna ahung det a huleh a gam thuneih ahung khanlet chiangin, a lungsim hung nuam in ahung kithasesahta hi. Tuin amah chu a gam sung a mitam suang in ahung kisatheita hi.

Pawtdohbu 30:12 a kigial mahbangin, "Israel tate phaah jaat na sim chiangin, a phaah jaat uh na sim bang jeelin michinin a hinna uh tatna LALPA kawmah ape diing uhi, na sim hun chiangin; amahuh na sim hun chianga alahva gawtna atun louhna diingin." Pawtdoh nung in Pathian in Israel tate kisimpina nei diingin khatvei A sawl hi, hizongleh hikhu chu mite kaihkhawmna diing ahi. Mi chih in amah kitatdohna diing LALPA kawm a tatdohna sum a piaah a ngai hi, huleh hikchu mi koipouh hinna chu Pathian venbitna nuaia um ahihjiahin a kingaihngiam diing uh ahi chih a manghilh louhna diing uh ahi. Kisimpina chu amah a sual ahi sih hi; a poimoh chianga bawl theih ahi. Hizongleh Pathian in Pathian mai a mi tampi neih a thuneihna chu Pathian apat hung ahi chih phawh a kingaihngiamna A deih hi.

Hizongleh David in Pathian sawl louh in kisimpina a nei hi. Hichu a dihtahin a lungtang Pathian a kinga lou in mihing a kinga hi chih taahlatna diing ah, ajiahchu mi tampi a nei chih umzia chu sepaih a hau a hleh a gam a haat hi chihna ahi. David in a sil bawlkhelh a heetdoh in, a kisiihpah a, hizongleh amah chu sawina lampi ah ana chiah zouta hi. Hipi Israel gam pumpi ah ahung leeng a huleh mihing 70000 a singal uhi.

A dihtah in, mihing tampi si chu David luhlulna jiah chauh ahi sih hi. Kumpi khat in bangchihlaipouh in kisimna a nei thei hi, huleh a tup chu sual bawl diing ahi sih hi. Hujiahin, mihing ngaih in amah a sual i chi thei sih hi. Hizongleh Pathian bukim mitmuh in, David chu Pathian ah a kinga veh sih a huleh amah chu a luhlul hi a chih theih hi.

Mihing ngaih in sil khenkhat giitlouhna ahi sih a chih theih hhi, hizongleh Pathian bukim ngaih in, hichu giitlouhna in a ngaih theih hi. Hichu 'tahsa sulnung' mikhat a kisuhsiangthou nung a um nalai ahi. Pathian in David tungtawn in amah chu tahsa sulnung teng paihdoh a mi bukim sem ahung hihna diinga Israel gam a hutobang sawina tun diing A phalsah ahi. Hiozngleh Israel gam a hipi ahung tunna jiah bulpi ahihleh mite sualnate'n Pathian thangpaihna a tungsah hi. 2 Samuel 24:1 ah hichiin a kisoi hi, "Tuin, LALPA lungthahna Israel tungah ahung tung kiit hi, huleh hikhu amaute David tung hichia soi diingin a haantoh hi, 'Chiah inla, Israel leh Judah sim in.'"

Hujiahin, hipi lah ah, mi hoih hutdam a um thei diingte'n gawtna a tuaah sih uhi. A site chu sual bawltute ahi va huchiin Pathian a diingin pom theih ahi sih uhi. Hizongleh David a diingin, amah gamtatna jiaha mite si a muh in a suun mahmah a huleh a kisiih pumlum hi. Hujiahin, Pathian chu, siltung khat ah nih vei natong in A um hi. Ama'n mi giloute A gawt a huleh hu toh kiton in, David tung haalsiangna A tungsah hi.

Gawtna nung in, Pathian in David sual sillat Araunah gawtvuina mun ah A pesah hi. Ama'n huh mun la in huleh Biaahinn bawlna diingin kisahkholna a pan hi, huchiin ama'n Pathian khotuahna a tang kiit chih i mu hi. Hih sawinna tungtawn in, David ahung kingaingiam sem a huleh hichu amah a diinga hagau buching lam a kalbi khat ahi.

Hagau Buching Hihna Chetna

Hagau buching hihna dinmun i tun leh, a chetna a um diing hi, chihchu hagaulam gah tampi i suang diing uh chihna ahi. Hizongleh hikhu in hagau buching dinmun i tun masiah un gah bangmah i suang keei sih diing uh chihna ahi sih hi. Hagau mite chu hagaulam lungsiatna gahte, Vaah gahte, Hagau Siangthou gah kuate leh Haamphatna gahte suanna diing lampi pai lelleh ahi. Hagau mi chih in hagaulam gahte suanna dan tuamtuam a nei uhi.

Etsahna diingin, koiahakhat in Pathian thupiaahte sil khenkhat 'kem in' huleh 'paihmang in' hung chi a man leh, bangtobang dinmun hizongleh huatna ahihlouhleh lungnopmohna a nei sih diing hi. Hizongleh Pathian thupiaah sil khenkhat 'bawl in' hung chi toh kisai in, hagau tuamtuamte lah ah gah suangna toh kisai in kibatlouhna a um diing hi. Etsahna diingin, Pathian in 'lungsiat' diingin ahung hi. Huleh midangte na huat hetlouhna mun a um huleh dinmun dang thanuamtaha natoh a midangte lungtang na khoihkha na mun a um hi. Huban ah, midangte a diinga na hinna tanpha na piaahna mun zong a um hi. Hitobang silbawl a kihen ngei louh a huleh na bukimna hun ah, hagau buching na chituhta hi i chi thei uhi.

Hagau Siangthou gah suangna tehna ah koipouh lah ah kibatlouhna a um hi. Hagau mite toh kisai in, khat in gah khenkhat a suang thei a, tehna bukim laha 50% tan leh a dang khat in 70% tan a suang thei hi. Khat chu lungsiatna in a dim maithei a hizongleh mahni-kideehtheihna lam a tamsam maithei hi, ahihlouhleh ginumna liantah nei in, hizogleh kingiamkhiaahna ah a tasam mahmah maithei hi.

Hizongleh hagau buching mite a diingin, tehna buching tan ah Hagau Siangthou gah chih a suang uhi. Hagau Siangthou in a lungtang uh 100% a khoih in huleh thunun hi, hujiahin bangmah a taahsapna nei lou in bangkim ah a lungkigual veh uhi. Dinmun chih umdan kilawmtaha um diingin mahni-kithununna nei pum in Lalpa a diingin thanopna a nei uhi.

Amaute chu pat a nunnem leh kingaingiam in a um va, ahihvangin humpi bangin zahumna leh thuneihna a nei uhi. Bangkima ah midangte hoihna diing a hawl va huleh midangte a diingin a hinna tanpha uh a kipumpiaah ngam va, hizongleh deihsah tuam a nei sih uhi. Pathian dihtatna thu a mang uhi. Pathian in mihingte hihtheihna a kibawl thei lou sil bawl diinga A sawl chiang in zong 'Hi' huleh 'Amen' chi kawm in a mang uhi.

A polam ah, hagau mite leh hagau buching mite thumanna natohte a kibang in kilang mahleh, a tahtahin, a kibang sih hi. Hagau mite'n Pathian a lungsiat jiahun thu a mang va huleh hagau buchingte'n Pathian lungtang thuuhtah leh sil deih hesiam in a a mang uhi. Hagau buching mite chu Pathian lungtang nei Pathian ta dihtahte ahung hi uhi. Bangkim ah siangthouna a hawl va huleh koipouh toh a kilem va huleh Pathian insung jousiah ah a ginum uhi.

1 Thessalonikate 4:3 ahi hichiin a kisoi hi, "Bangjiahin ahiai ichihleh Pathian deihjawng, na sianthouna diing u'chu hi ahi, kingaih tawpsan un." Huleh 1 Thessalonikate 5:23 in hichiin a chi hi, "Huleh hamuanna Pathian ngeeiin na pumun hung susiangthou heh; huleh na hagau u'leh , na lungsim u'leh, na tahsa uh i Lalpa uh Jesu Khrist hung chianga soiseelbei diingin humbitin um hen."

I Lalpa Jesu Khrist hungna chu Kum-sagih Gimthuaahna Thupi ma in A tate la diingin A hung diing chihna ahi. Hih umzia chu hikhu tun ma a, hagau buching dinmun i tun diing va huleh Lalpa tuaah diinga a bukim a i kikep diing uh ahi. Khatvei hagau buching i ngahdoh kalsiah, i hinna leh sapum chu hagau a um ahi a, huleh dembei a um in, Lalpa ina lamtuaah thei diing uhi.

Hagau Mite leh Hagau Buchingte kawma Piaah Gualzawlna

Hagau mite a diingin, a hinna uh ahung khang a, huchiin amaute toh bangkim ahung khangtou a huleh ahung chidam uhi (3 Johan 1:2). A lungtang vah giitlouhna thuuhtah um chu a paihmang uhi, huchiin a dihtahin amaute chu Pathian ta siangthoute ahi uhi. Huchiin, Vaah tate hi in hagaulam thuneihna ah a nuam uhi.

Khatna ah, a chidam va huleh natna bangmah a nei sih uhi. Khatvei hagau a i um kalsiah, Pathian in natna leh tuahsiatnate apat in ahung veengbit a, huleh hinkhua chidam i nei thei hi. Hung upa mahzonglei, i teeh un ahihlouhleh i chaau sih uhi, huleh vunvuaina bangmah i nei sih diing uhi. Huban ah, hagau buching a i luut va ahihleh, vunvuaite zong ahung mam diing hi. Ahung khangthah diing va huleh a haatna uh ahung nei kiit diing uhi.

Isak latna etkhiahna Abraham in zoh nung in, hagau buching ah a luut hi; huchiin kum 140 a phaah nung in zong ta a nei hi. Hih umzia chu ahung khangthah hi. Huleh Mosi chu leitung a mi tengteng sanga kingaingiam leh nunnem ahi, huleh ama'n kum 80 ahih in Pathian kouhna tang in kum 40 sung naahtahin na a tong hi. Kum 120 ahung hih nasan in, "a mit a mial sih a, huleh a haatna a kiam sih hi. (Daanpiahkiitbu 34:7).

Nihna ah, hagau mite'n a lungtang vah giitlouhna a nei

sih hi, hujiahin meelmapa dawimangpa leh Setan in a tung ah etkhiahna ahihlouhleh sawina a tungsah thei sih hi. 1 Johan 5:18 in hichiin a chi hi, "Koipouh Pathian a piang chu asual jing sih chih i he hi; hizongleh Pathian a piangpain amah akikola migiloupa'n akhoihkha sih hi." Meelmapa dawimangpa leh Setan in tahsa mite a ngoh va huleh a tung vah etkhiahna leh sawina a tungsah hi. hi.

Job chu a tuungin amah a um giitlouhna jousiah a paihmang sih hi, huchiin Setan in Pathian mai a, a ngoh chiangin, Pathian in sawina a tun diing A phalsah hi. Job in a giitlouhna a hedoh a huchiin hutobang sawina Setan ngohnate jiaha tung chu a pal laiin a kisiih hi. Hizongleh amah a giitlouhna um a paihmang nung leh hagau a, a um nung chiangin, Setan in Job a ngoh thei nawn sih hi. Hujiahin, Pathian in a tuung a, a neih leh lam leh nih in A gualzawl hi.

Thumna ah, hagau mite'n aw chu chiangtahin a za va huleh Hagau Siangthou puina a tang hi, huchiin sil bangkim a khantouhna lampi ah a pui hi. Hagau mite a diingin, a lungtang uh chu thudih in a kiheng hi. A bawl taphot uh chu thudih toh a kiton hi. Hagau Siangthou apat in phuutna chiangtah a tang va huleh a mang uhi. Huleh, silkhat hung tung diinga a nget uleh, a haamteina uh dawn ahih masangsiah ginumna kiheng lout oh a thuaah uhi.

Hichibang a hunt eng a thu i man uleh, Pathian in ahung pui diinga huleh pilna leh heetsiamna ahung pe diing hi. Pathian khut a bangkim i ngah leh, Amah deihdan bang lou a i paikhelhkha chiangin zong A hung veeng diing hi' ei a diinga kokhuuh ana kibawl mahleh, Ama'n ahung peelsah diinga ahihlouhleh bangkim a hoihna diingin ahung bawlsah diing hi.

Lina ah, hagau mite'n a nget uh bangkim kintahin a mu uhi; a lungtang va silkhat a koih maimai uh zong dawnna a um uhi. 1 Johan 3:21-22 in hichiin a chi hi, "Deihtahte, i lungtangin siamlouh ahung tansah louh leh Pathian lamah i haang ahi. Huleh a thupiaahte i juih a, a mitmuha sil kipaahhuaite i bawl jiahin i nget photmah amah a'pat i mu hi." Hih gualzawlna a tung va ahung tung diing hi.

Siamna ahihlouhleh heetna tuambiih nei loute nasan in zong hagaulam gualzawlna a tan theih uh chauh hi lou in, hizongleh tahsalam gualzawlna tamtah 'hagau' a, a um uleh a tang thei uhi, ajiahchu Pathian in amau a diingin bangkim guatsa in ana nei a huleh A pui hi.

Ginna toh i chituh va huleh i nget chiangun, gualzawlna hung kinamsuh, kithingdet, huleh luanglet i tang diing va (Luka 6:38), hizongleh hagau a khatvei i um kalsiah uh, leh 30 tan ah i aat diing va, huleh hagau buching a i luut zoh chiangun, leh 60 ahihlouhleh leh 100 in i aat diing uhi. Huh hagau mite leh hagau buching mite'n a lungtang va kem chauh in zong a tang thei uhi.

Hagau buching mite kawm a gualzawlna kipia chu kimtahin a kisoi zou sih hi. Pathian ah a nuam va huleh huchiin Pathian amau ah A nuam hi, huleh Psalm 37:4 a kigial bangin, "LALPA ah nuam unla; huleh huchiin na lungtang deihzawng ahung pe diing hi," Pathian in A pang apat in a deih jousiah uh, sum, minthanna, thuneihna, ahihlouhleh chidamna hitaleh A piaah hi.

Hutobang mite'n a mimal vah bangmah taahsap a nei sih a, huleh a mimal dinmun va pat bangmah haamteina a nget diing a nei sih uhi. Hujiahin Pathian lalgam leh dihtatna huleh Pathian he lou hinnate diingin a haamtei gige uhi. A haamteina uh chu Pathian mai a silgimtui kilawm leh sahtah ahi ajiahchu a haamteina uh a hoih in huleh giitlouhna tel lou ahi huleh hinna a diing ahi. Hujiahin, Pathian chu amau ah A nuam mahmah hi.

Hagau buching a luutte'n hinna a lungsiat va huleh haamteina a khawlkhawm chiangun, silbawltheihna limdangtah Silbawlte 1:8 a kigial bangin, "Hizongleh, na tungva Hagau Siangthou ahung tun chiangin silbawltheihna na nei diing uh; huchiin Jerusalem khua ah zong, Judia gam leh Samaria gam jousiah ah zong, huleh, kawlmong tanphain zong ka thu heetpihtute na hi diing uh," a langsah thei uhi. Ana kisoi bangin, hagau mite leh hagau buchingte'n Pathian dinmun sangpen in a lungsiat va huleh a sulungkim uhi, huleh Bible a gualzawlna thuchiam jousiah a tang diing uhi.

Bung 2
Pathian Siltup Bulpi

Pathian in Adam chu kipaahna, nuamna, kipaah, leh lungsiatna dihtah heetna nei lou a, a umden diing a deih sih hi. Hikhu jiahn, sia leh pha heetna singkung A koih hi huchia Adam in tahsalam silte ahung tuaahkhana diingin.

Bang Diinga Pathian in Mihingte Hagau a Siam Lou Ahiai?

Deihtelna leh Lungsim a Kepna Poimohna

Mihingte Kisiamna Jiah

Ta Dihtahte apat Pathian in Loupina Tan A Ut

Mihing chituhna chu tahsa mihingte hagau mihingte a ahung kihenna paitou ahi. Hikhu hesiam lou a biaahinn i mawh kai va ahihleh, a umzia a um sih hi. Mi tampi biaahinn kai a ahihvanga Hagau Siangthou a piangthah lou a um uhi, huleh hujiahin hutdam ahihna uh kimuanna a nei sih uhi. Khristian ginna hinkho zat in a tup chu hutdamna ngah chauh ahi sih a, hizongleh Pathian lim neih kiitna leh Pathian toh lungsiatna kipetuah leh A ta dihtahte bang Amah kumtuang a loupina piaah zing ahi.

Tuin, Pathian Adam chu hagau hing a ana siamna jiah leh hih leitung a mihing chituhna na ana sep jiah bang ahi diai? Siamchiilbu 2:7-8 in hichiin a chi, "Huleh Lalpa Pathian in lei a leivui in mi asiam a, a naah sungah hinna hu ahaihkhuma; huchiin mi chu mihing ahung hita hi. Huleh Lalpa Pathian in suahlam ah, Eden ah, huan khat abawl a; hutahah a mi siam chu akoih hi."

Pathian in vaante leh lei A Thu in A siam hi. Hizongleh mihing toh kisai in, Amah khut ngei in A siam hi. Huleh, vaan mipite leh Vaan a angelte chu hagau bangin A siam hi. Ahihvangin, mihing chu a tawp chiang a Vaangam a um diing a koih himahleh, amaute toh kisai in huchibang ahi sih hi. Bang jiah ahi diai Pathian in mihing chu tual a leivui apat siam a hutobang a, A buaipih? Bang diinga hagau banga siam mai lou ahiai? Hitah ah Pathian siltup biih ahung kilang hi.

Bang Diinga Pathian in Mihingte Hagau a Siam Lou Ahiai?

Pathian in mihingte tual a leivui apat ana siam lou a hagau a ana siam hitaleh, mihingte'n tahsalam bangmah siltuaah a nei sih diing uhi. Hagau a siam ana hi uleh, Pathian Thu ana mang diing va huleh sia leh pha heetnsa singkung apat ana ne het sih diing uhi. Lei umdan chu lei sil kikoih dungjuiin a kiheng thei hi. Adam chu hagaulam lalgam a ana um himahleh dihtatlou ahung hih theihna jiah chu, amah tual a leivui apat siam ahih jiah ahi. Hizongleh a tuung apat a ana dihtatlou ngal chihna ahi sih hi.

Eden Huan chu Pathian haatna a dim hagaulam lalgam a um ahi, huleh hujiahin Setan a diingin Adam lungtang a tahsalam silte guanluut chu ahi thei sih hi. Hizongleh, Pathian in Adam kawm a deihtelna ana piaah jiahin, ama'n tahsalam chu a deihzawng ahih a huleh a bawl ut photleh ana pom thei shi. Hagau hing himahleh, tahsalam ch deihtelna a ana pom ut photleh ahung luut diing hi.

A dihtahin, Pathian Adam kawm a deihtelna ana piaahna jiah

chu mihing chituhna diing jiah ahi. Pathian in Adam kawm ah deihtelna ana pe lou hitaleh, Adam tahsalem sil bangmah ana bawl sih diing hi. Hih umzia chu mihing chituhna ana um het sih diing hi. Mihing a diinga Pathian silbawlsahna ah, mihing chituhna a um a ngai a, huleh silbangkim hetu ahihna ah, Pathian in Adam chu hagaulam mi in ana siam sih hi.

Deihtelna leh Lungsim a Kepna Poimohna

Siamchiilbu 2:17 in hichiin a soi hi, "...hizongleh sia leh pha heetna singkung apat na ne diing uh ahi sih, ajiahchu na ne nini un na si ngeingei diing uhi." Ana kisoichian bangin, Pathian in Adam tual a leivui apat ana siam a huleh deihtelna ana piaahna an Pathian silbawlsahna thuuhtah a um hi. Mihingte chu mihing chituhna paitou jalin Pathian tate dihtah ahung hi thei uhi.

Adam a sual ahung luutna jiah khat chu deihtelna a neih jiah ahi, hizongleh a jiah dang pen ahihleh ama'n a lungsim ah Pathian Thu a vom zing sih hi. Pathian Thu kep kichi umzia chu A Thu lungtang gelh a huleh zuih ahi.

Khenkhat in sil a bawlsual veu lai in khenkhatte'n sil nihvei a bawlkhial sih uhi. Hih kibatlouhna chu lungsiam silkhat kep leh kep louh a kinga ahi. Adam sung a sual hung luutna jiah ahihleh ama'n Pathian chu a lungsim kep zing a poimohdan ana he sih hi. A lehlam ah, i lungsim a Pathian Thu kem a huleh thumanna jalin hagaulam hihna a tunding kiit theih hi. Hujiahin Pathian Thu i lungsim a kep a poimoh hi.

Sual bulpi jala a hagau uh sitate a diingin, Jesu Khrist a pom va huleh Hagau Siangthou a tan va ahihleh, a hagau uh sisa chu ahung halhdoh kiit diing hi. Hih hun a kipat in, a lungsim va Pathian Thu a kep va huleh a hinkhua a zuih dungjui un, Hagau tungtawn in hagau a piangdohsah diing uhi. Amaute'n hagaulam khanna haattah a ngah diing uhi. Hujiahin, Pathian Thu kep leh kiheng lou keei a zuihna in hagau neihkiitna diing ah dinmun poimohtah a nei hi.

Mihingte Kisiamna Jiah

Vaangam ah hagaulam mite tampi a um uhi, hute chu hunt eng a Pathian thu mang angelte ahi uhi. Hizongleh hun tamlou chihlouh ah, mihing hihna a nei sih uhi. Amaute'n deihtelna nei a lungsiatna kikop theihna a nei sih uhi. Hujiahin, Pathian in mihing masapen, Adam, chu A lungsiatna dihtah kikoppih diingin mihing in ana siam hi.

Tomtakhat ana ngai jual in, Pathina chu mihing masa Adam siam ahih in A kipaah mahmah chih ngaihtuah mah in. Adam muuhte siam in, Pathian in Pathian phat diingin A deih hi; a bilte siam in, Ama'n Pathian aw za a huleh mang diingin A deih hi; a mitte siam in, Ama'n A silsiam kilawmtah mu leh he in huleh Pathian loupina pe diingin A deih hi.

Pathian in mihingte A siam a A tup ahihleh amaute tungtawn a phatna leh loupina A muh a huleh amaute toh A lungsiatna a kikopna diing uh ahi. Lei leh vaan a sil jousiahte kilawmna A kikoppih theih diing tate A deih hi. Amaute toh kumtuang a nopsahna neihkhawm A ut hi.

Thupuandoh bu ah, hutdam tate'n kumtuang a Pathian laltouphah mai a phat leh biaah a um i mu uhi. Vaangam a tun chiangun, a kilawm beehseeh in huleh nuamhuai mahmah ahih chiangin Pathian silphatuam bawlsah thuuh leh limdang tahzet khu jalin a lungtang sungnungpen vapat in Pathian phat leh biaah chihlouh ngal bawl diing dang a um shi.

Mihingte chu hagau hing banga siam himahleh uh, tahsa mite ahung suaah uhi. Hizongleh, mihingte'n nuamna, lungthahna leh dahna chinteng a tuaah nung va hagau mi ahung hih kiit va ahihleh, Pathian tate dihtah lungsiatna, kipaahna, leh loupina Pathian kawm a lungtang sungnung apat petute ahung hi thei uhi.

Adam chu Eden Huan a, a um laiin, Pathian ta dihtahin a kisim thei sih hi. Pathian in hoihna leh thudih ana hilh a, huleh huchii sualna leh giitlouhna ana hilh sih hi. Ama'n kipaah louhna leh natna kichi bangmah ngaihdan ana nei sih hi. Eden Huan chu hagaulam lalgam ahi, huleh hutah ah manthaina a um sih a huleh sihna zong a um sih hi.

Hikhu jiahin Adam in sihna umzia a he sih hi. Hutobang kiningchinna leh hauhsatna mun ah khosa zongleh, kipaahna, nuamna, ahihlouhleh kipaahhuaina dihtah a phawhkha sih hi. Dahna ahihlouhleh kipaahna bangmah ana tuaahkhaah louh jiahin, nuam ahihlouhleh kipaahna dihtah ana phawhkha sam sih hi. Huatna bang ahiai chih ana hekha sih hi, huleh lungsiatna dihtah zong ana hekha sih hi. Pathian in Adam chu kipaahna, nuamna, lungtaina, leh lungsiatna dihtah he lou a kumtuang a, a um diing ana deihsih hi. Hujiahin Eden Huan ah sia leh pha heetna singkung ana koih a, huchia Adam in tahsalam sil ana heetkha theihna diingin.

Tahsa khovel silte ana tuaahkhate Pathian ta ahung hih kiit chiangun, hagau chu bangchituha hoih a huleh thudih chu bangchituha manpha ahiai chih ahung hesiam uhi. Tuin amaute'n Pathian kawm kumtuang hinna ana piaah jal in kipaahna dihtah a pe thei uhi. Pathian lungtang khatvei i heetsiam va ahihleh, Pathian in sia leh pha heetna singkung leh gilou leh hujiaha mite ana gentheihna ana siamna jiah i dong buai sih diing uhi. Huchih naahsangin, mihingte hutdamna diinga Pathian in A tapa tang neihsun A piaahna tung ah kipaahthu leh loupina Pathian i pezaw diing uhi.

Ta Dihtahte apat Pathian in Loupina Tan A Ut

Pathian in mihing chu ta dihtah neihna diing chauh hilou in amaute apat paahtawina tanna diinga A chituh ahi. Isaiah 43:7 in hichiin a chi hi, "Ka min po photmahte chu; ajiahchu ka loupina diingin amah ka siama, amah ka na sutuaha; ahi, ka na bawl hi." Huleh, 1 Korinthete10:31 in hichiin a chi hi, "Hujiahin na neeh un hileh, na dawn un hileh, na bawl photmah uh Pathian loupina diingin bawlveh un"

Pathian chu lungsiatna leh dihtatna Pathian ahi. Ama'n Vaangam leh kumtuang hinna ana guanggalh chauh hi lou in hizongleh A Tapa tang neihsun zong ahung pia hi. Pathian chu hi teng chauh jala paahtawina piaahtaah ahi. Hizongleh Pathian in A deih chu paahtawina piaah chauh ahi sih hi. Pathian in paahtawina a tan utna jiah dihtah chu Pathian paahtawite kawm loupina piaah kiit ahi. Johan 13:32 in hichiin a chi hi, "...Pathian paahtawia aum inchu, Pathian in zong amah ah amah a paahtawi diinga, a paahtawi pah ngaal diing hi."

Pathian in eite tungtawn a loupina A tan chiangin, hih leitung ah gawljawlna luanglet ahung piaah a, huleh vaan lalgam ah zong kumtuang loupina ahung pia hi. 1 Korinthete 15:41 says, "Niin loupina tuam anei a, hain loupina tuam anei, huleh aahsite'n zong loupina tuam anei uhi; aahsi leh aahsi zong loupi daanah akibang sih uhi."

Hikhu in vaan lalgam a tenna mun leh hutdam a um michih in loupina i tan diingdan uh tuamtuamte kibatlouhna toh kisai ahung hilh hi. Vaangam a tenna munte leh loupina chu lungtang siang leh siangthou neihna diinga sualnate bangtana i paihmang uh ahiai chih leh Pathian lalgam chu bangchituha ginum a sem i hiviai chih a khen ahi diing hi. Khatvei piaahkhiat ahih kalsiah, a kiheng thei nawn sih hi.

Pathian in ta dihtah hagau a um neihna diingin mihingte ana siam hi. Pathian in mihingte a diinga A siltup bulpi chu a deihtelna va tahsalam leh hinna thudihlou a um paihmang a huleh hagau mite leh hagau buching mite ahung hih ahi. Pathian in mihing siamna leh chituhna a A tuppipen chu hagau leh hagau buching mite tungtawn in suh taangtung in ahung um diing hi.

Tuni'n mihingte laha mi bangzah in Pathian in mihing ana siamna a A tuppipen chiang tungzou a hing a um diai? Pathian in mihingte ana siamna hesiam tahtah hilei Adam sualna jiaha ana mangta Pathian lim i hawldoh kiit ngei diing uhi. Thudih chauh ah i mu, za, leh haam in i um diing va, huleh i ngaihtuahna leh gamtatna jousiah uh a siangthou in a bukim diing hi. Hichu Pathian ta dihtahte Pathian in mihing masapen Adam A siam zoh a, A kipaahna sanga kipaahna lianzaw petute hung hih theihna lampi ahi. Hutobang Pathian ta dihtahte'n Vaangam ah hagau hing, Adam, in Eden Huan, a ana zou toh tehkaah guallouh loupina a zou diing uhi!

Bung 3
Mihing Dihtah

Pathian mihingte Amah lim in A siam hi. Pathian in A deih mahmah ahihleh Pathian lim mangsa muhdoh kiitna leh Pathian hihna a tel ahi.

Mihingte Mohpuaahna Bukim

Pathian chu Enoch toh A Paikhawm

Pathian Lawm Abraham

Mosi in A Mite Amah Hinna Sangin A Lungsiatzaw hi

Sawltaah Paul chu Pathian Bangin A Kilang

Ama'n Pathiante A Chi

Pathian Thu i zuih va ahihleh, hagau lungtang thudih heetna a dim, Adam in, hagau hing a, a sual ma a ana neih tobang i mudoh kiit thei uhi. Mihingte mohpuaahna bukim chu Pathian lim Adam sual jiaha ana mang muhdoh kiit leh Pathian hihna a va tel ahi. Bible ah, Pathian Thu ana tang a huleh ana pedohte, Pathian sil kiphualte soi a, huleh Pathian hing latsahna diinga Pathian silbawltheihna puangdalhte, chu migi kumpite nasan in zong a biaah diingte ahi uh chih i mu thei hi. A jiah ahihleh amaute chu Pathian Tungnungpen tate ahih jiah uh ahi (Psalm 82:6).

Babylon Kumpi Nebuchadnezzar in nikhat mang a nei a huleh a lungbuai mahmah hi. Dawi siamte leh Kaldaite a mang hilh diingin a koukhawm a huleh a mang hilh lou in a khiatna soi diingin a sawl hi. Hichu mihing silbawltheihna in a hi thei mawngmawng sih a hizongleh Pathian mihing sapum a um lou chauh in a hi thei hi.

Tuin, Daniel, Pathian mi in, kumpipa mang khiatna lahna diing hun pe diingin hun a ngen hi. Pathian in Daniel kawm ah zaan laiin a mang ah sil kiphualgu A lah hi. Daniel chu kumpipa mai ah a va chiah a huleh a mang a hilh a huleh a khiatna a pia hi. Huin, Kumpi Nebuchadnezzer a khupboh a Daniel zahna a piaah hi, huleh silpiaah leh silgimtui pe diingin thu a piaah a, huleh Pathian paahtawina zong a piaah hi.

Mihingte Mohpuaahna Bukim

Kumpi Solomon in loupina leh hauhsatna chu midang teng sang in a nei zaw hi. A pa David in ana tundingsa lalgam kigawm pansan in a gam thuneihna ahung khang deuhdeuh a huleh a kiim a gamte'n siah a piaah uhi. Amah lal laiin a lalgam in phaahtawp a su hi (1 Kumpipate 10).

Hizongleh hun hung pai jel in, Pathian khotuahna a manghilh hi. Ama'n a silbawltheihna a, a bawl ana sa hi. Pathian Thu a nelhsiah a huleh Pathian in Gentel numeite kitenpih louh diinga A thupiaah botsia hi. Gentel mei tampi a hun nunung lam ah a nei hi. Huban ah mun sangte chu a Gentel meite deihna bangin a tungding hi, huleh amah ngei in zong milimte a bia hi.

Pathian in nihvei gamdang pathiante jui lou diingin thu a pia a himahleh Solomon in a mang sih hi. A tawpna ah, Pathian thangpaihna a khang kiit in a tung va ahung tung hi huleh Israel chu lalgam nih in ahung kikhen hi. A deih photmah a la thei a, hizongleh a ni tawp lam ah hichiin a chi hi, "Bangmahloute bangmahlou! Silbangkim bangmahlou ahi"(Thusoitu 1:2).

Hih khovel sil jousiah umze bei ahi chih ahung hedoh a, huleh hichiin thukhaahna a bawl hi, "Thu pumpi suhtawpna chu i ngaikhe diing uh: Pathian lauin, huleh a thupiaahte jomin; ajiahchu hikhu mihingte bawl diing pumluum ahi" (Thusoitu 12:13, KJV). Mihingte mohpuaahna chu Pathian lauh a huleh A thupiaahte man ahi a chi hi.

Hikhu umzia bang ahiai? Pathian lauh chu gilou huat ahi (Thupilte 8:13). Pathian laaute'n gilou a paihmang diing va huleh A thupiaahte a jui diing uhi. Huleh hichibang in mihing mohpuaahna buching a subuching uhi. Pathian lim muhdoh kiitna diinga Lalpa lungtang i chituh chiangin mihing buching i kichi thei uhi.

Pathian Chu Enoch Toh A Paikhawm

Pathian chu kum za thum sung Enoch toh A paikhawm va huleh amah a hing in A la hi. Sual man chu sihna ahi, huleh Enoch vaangam a sihna mu lou a laahtouh ahi chih in amah chu Pathian in sualna nei lou in A pom hi chi a chiangsah hi. Ama'n lungtang siang leh dembei Pathian lungtang suun ana chituh hi. Hujiahin Setan in a hing a laahtouh ahih laiin bangmah ngohna a siam thei sih hi.

Siamchiilbu 5:21-24 ah hichibangin ana kigialluut hi: "Huleh Enoch chu kum sawmguup leh nga ahi a, Mathuselah ahing hi. Huleh Enoch chu Mathuselah ahin nungin kum ja thum sung Pathian toh akithuah a, tapate tanute ahing hi. Huchiin Enoch dam kum zousiah chu kum ja thum leh kum sawmguup leh nga ahi. Huleh Enoch chu Pathian toh akithuah a, huchiin aumta sih hi; ajiahchu Pathian in alata hi."

'Pathian toh paikhawm' chih umzia chu Pathian chu hu mipa toh hun teng in A umkhawm hi chihna ahi. Enoch chu Pathian deihna bangin kum za thum sung ana hing hi. Pathian chu a chiahna phot ah A um hi.

Pathian chu Vaah, hoihna leh lungsiatna ngei ahi. Hutobang

Pathian toh umna diingin, i lungtang va mial himhim i neih louh diing uh ahi, huleh hoihna leh lungsiatna a i dim diing uh ahi. Enoch chu khovel sualtah ah ana teeng a, hizongleh amah ana kikeem siangthou hi. Khovel ah Pathian thu zong ana soi hi.

Jude 1:14 in hichiin a chi hi, "Huleh Enok, Adam a'pata sagihnapain zong hite tungthu ana soilawh hi, Ngaiun, Lalpa chu a misiangthou saang sawm toh ahung hi." Hichia gelh ahi, ama'n Lalpa Hung Kiitna leh Vaihawmna toh kisai mite ana hesah hi.

Bible in Enoch lohchinna thupitah ahihlouhleh Pathian a diing sillimdang a bawldoh bangmah soi a nei sih hi. Hizongleh Pathian in amah chu nasatahin A lungsiat hi ajiahchu ama'n Pathian a zah a huleh hinkho siangthou a hing in gilou chinteng apat a kihemkhia hi. Hujiahin Pathian in 'khanglai' ahih laiin ana lata hi. Hu laiin mite chu kum 900 sanga tamzaw ana hing va huleh amah chu laahtouh ahih in kum 365 ahi hi. Amah chu khanglai, thahaat ahi.

Hebraite 11:5 ah hichiin a kisim hi, "Ginnain Enoch chu sihna mulou diingin laahmangin aum a; huleh Pathian in alaahmang jiahin muhin aum ta sih; laahmanga aum main Pathian akipaahsah hi chih heetsahna anei hi."

Tuni nasan in, Pathian in hinkho siangthou leh pathianmi a hing lungtang siangthou leh kilawm hih khovel suhbuaah louh a huchia Ama'n hung teng a ahung kitonpih theih diinga hing diingin ahung deih hi.

Pathian Lawm Abraham

Pathian in Abraham, 'ginna pa,' tungtawn in Pathian ta dihtah kichi bang ahiai chih mihingte heetsah A ut hi. Abraham ch 'gualzawlna naah' leh 'Pathian lawm,' chih in a um hi. Lawm kichi chu na muan leh na thuguuh na soi theihna ahi. A dihtahin, Abraham in Pathian a muan veh theih masiah in kihalsiangna hun a um hi. Ahihleh bangchidan a Abraham chu Pathian lawm banga heet a hung um ahi diai?

Abraham in 'Hi' leh 'Amen' chih chauh toh thu ana mang hi. A tenna khopi nusia diinga Pathian kouhna a saan masat laiin, ama'n a zotna diing he lou a mang hi. Huleh, Abraham in midangte hoihna diing a hawl a huleh lemna a delh hi. A tapa Lot toh ana khosakhawm va, huleh a kikhen hun uh ahung tun in, a tapa chu gam tel masa diingin a sawl hi. Amah chu pa khat ahihna deihtelna masa a nei thei hi, hizongleh ama'n hun a la masa sih hi.

Abraham in Siamchiilbu 13:9 hichiin a chi hi, "Gam pumpi na ma-a umlou ahiai mah? hehpihtahin kei apat umtuam mai in: nang veilama na chiah leh kei jiatlamah ka chiah diinga; ahihouhleh nang jiatlama na chiah leh kei veilamah ka chiah diing hi, achi a."

Abraham in hutobang lungtang hoih ana neih jiahin, Pathian in gualzawlna thuchiam ana piaah hi. Siamchiilbu 13:15-16 ah, Pathian in thuchiam A piaah hi, "...Mi jousiah tunga vaihawm diing leh, alahva Pathian ngaihsahloua atoh uh Pathian ngaihsahlouhna naa jousiah leh, Pathian ngaihsahlou mi sualte'n a tunga ahaamsiatna jousiah jiaha Pathian ngaihsahloute jousiah siamlouh tangsah diingin, chi in. Hihaw chu phunhaatte, nialhaatte, amahuh uut jawng jawnga gamtaangte ahi uh; a kamun kiuahsahna thu loupi tahtah asoiva, lawhna deih mana mi paahtawi chiingmi ahi uhi."

Ni khat, Abraham tapa tenna khua Sodom leh Gomorrah chu kumpi tampi kigawmkhawmte'n ana dou va huleh mi tampi puidoh in huleh gaallaah sum a la uhi. Abraham in a mi zilsiamsate, a innsung a piangte, mi za thum leh sawmlehgiat te a puidoh a, huleh Dan tanpha a va delh uhi. A van tengteng uh a va la kiit a huleh a sanggampa tapa leh a van teng, huleh numeite leh mipite zong ahung pui kiit hi.

Hitah ah, Sodam kumpipa'n Abraham kawm ah kipaahthu soina in silpiaah in gaallaah sum laahte a pe ut hi, hizongleh Abraham hichiin a chi, "Huchiin phinjang khat mah zong, keengtophah khau tanphain, nang sil photmah bangmah ka la sih diing, huchilouin chu, Abram ka suhhauhsat ahi, na chikha diing hi." (Siamchiilbu 14:23). Kumpipa apat sil laah a dihlou ahi sih hi, hizongleh ama'n kumpipa siltah chu Pathian apat leilam gualzawlna jousiah hung kuan ahi chih chetna in a nual hi. Hutobang lungtang siang mahni masialna tel lout oh Pathian a paahtawi a, Pathian in nasatahin a gualzawl hi.

Pathian in Abraham kawm a, a tapa Isak halmang sillat a laan diinga A sawl laiin, haam sese lou in a mang hi, ajiahchu ama'n Pathian mi sisa hinna pe kiit theipa a maung hi. A tawp in, Pathian in ginna pa hi diingin A tung ding a, hichiin a chi hi, "Vaangpiah tahjetin ka hung vaangpiah diinga, vaan ahsi jaat leh, tuilianpi panga piauneel jaat bangin na haah ka hung suhpungsah diing: huleh na haahin a meelmate kulhkot aneihsah diing uh;

Huleh ka thu na man jiahin na haah ah leitung nam zousiahte vaangpiahin aum diing uhi, achi a" (Siamchiilbu 22:17-18). Huban ah, Pathian in Pathian Tapa, Jesu, mihingte hutdam hundamtu diing, a suante apat hung piang diing, A chiam hi.

Johan 15:13 in hichiin a chi hi, "Koimah in hi sanga lungsiatna thupizaw a nei sih, mi khat in a lawipa a diinga a hinna piaah." Abraham chu a tapa tang neihsun Isak, amah ngei hinna sanga manpha laat a ut hi, huchiin Pathian lungsiatna a sulang hi. Pathan in hih Abraham chu a ginna thupitah leh Pathian a lungsiatna jal in mihing chituhna a ettontaah etsahna hi diingin A bawl hi.

Pathian chu bangkim bawl thei ahi a huleh bangmah pouhmah a bawl thei a huleh eite bangmah pouhmah ahung pe thei hi. Hizongleh, Ama'n A tate gualzawlna leh a haamteina uh mihing chituhna a, a tunna chiangchiang va A pia a, huchiin A gualzawlna a kipaahthu soi in Pathian lungsiatna a phawh thei uhi.

Mosi in a Mite Amah Ngei Hinna Sangin A Lungsiatzaw

Mosi chu Aigupta kumpipa tapa ahih laiin, a mite panpihna diingin Aigupta mi khat a that hi, huleh Pharoah lal inn apat a taimang a ngai hi. Huh hun apat in gamdaai ah kum sawmli sung belaam ching in belaampu hinkhua a zang hi.

Mosi chu Midian gamdaai ah belaaam ching in dinmun ngiamtah ah a um hi, huleh a kisahtheihna leh dihtatna jousiah

Aigupta kumpipa tapa banga ana neih jousiah a koihkhiat a ngai hi. Pathian chu hih Mosi kingaingiamtah mai ah ahung kilang a huleh Aigupta apat Israel tate puidohna mohpuaahna A piaah hi. Mosi chu a hinna taan thei diing khop a, a va bawl ngai in a um hi, hizongleh thumang in Pharoah mai ah a va chiah hi.

Israel tate umdan i et va ahihleh, Mosi lung letdan a mite a pom a huleh a koina apat in a kimu hi. A mite'n hahsatna a neih chiangun, Mosi a phunsan va huleh suang a sehlup nasan a tum uhhi.

Tui a neihlouh chiangin, dangtaah chiin a soisel uhi. Tui a muh chiangun, an nei lou chiin a phunchiaah uhi. Pathian tunglam apat manna A piaah chiangin, sa a ne sih uh chiin a phun uhi. Aigupta ah an tuitah ne ka hi uh, chiin manna chu an tui lou a chi uhi.

Pathian in a tawp a A meel a lehhei chiangin, gamdaai apat guul hung pawtdoh in a tu hi. Hizongleh Pathian in Mosi kuhkaltaha a haamteina A dawnna jalin hutdam in a um thei uhi. Mipite'n Pathian chu Mosi toh a umkhawm chi hun sawtpi sung a mu uhi, hizongleh Mosi um louh kaal in, sana in bawngnou lim a siam va huleh a biaah uhi. Angkawmna sual bawl diingin Gentel numeite'n a heem zou uhi, huchu hagaulam angkawmna ahi. Mosi chu a mipite luangin mittui toh a haamtei uhi. Khotuahna a tan uh hepha nawn lou in, ama'n a hinna tah in a ngaihdamna diingun a pang hi.

Pawtdohbu 32:31-32 reads:

Huchiin Mosi chu Lalpa kawmaah ahung tung kiit a, Oh, hi

mite'n sual khawhtah mai ana bawl tava, sana pathiante akibawl ta uhi. Ahiin tuin a sualna uh na ngaihdam diing

inchu ; huleh na ngaihdamlouh diing inchu na lehkhabu gelhsa a'pat hehpihtahin hung thaaimang in, achi a.!"

hitah ah, lehkhabu apat a min laahdoh kichi umzia chu hutdam ahi sih diinga huleh kumtuang Meidiil, huchu kumtuang sihna, kuang ah, a thuaah diing hi. Mosi in hih thu hoihtahin a hechian hi, hizongleh amah huchia kipumpiaah in a mite ngaihdam ahih diing uh a deih hi.

Mosi hichibang a um Pathian in bang ngaihdan nei diingin na ngaihtuah ei? Mosi in Pathian lungtang sualnate hua himahleh a misualte hutdam ut chu hoihtahin a he hi, huleh Pathian chu a tung ah A kipaah mahmah a huleh A lungsiat mahmah hi. Pathian in Mosi lungsiatna haamteina chu A zaah hi huchiin Israel tate chu siatna apat in a suaahta thei uhi.

A ning khat ah suangmantam a um chiin ngaihtuah in. Hichu a maam mahmah a huleh khuttum chiah a pha hi. A ning lehlam ah a kikimpih suang a sang a sim a um hi. Huchiin, khoi khu a luulzaw diai? Suang bangzahta um zongleh suangmantam toh kihen diing a ut sih diing uhi. Huchi mahbangin, Mosi mihing chituhna subuchingpa manphatdan, chu mihing maktaduai a simte mihing chituhna subuching loute sangin a luulzaw hi (Pawtdohbu 32:10).

Kisimbu 12:3 in Mosi toh kisai hichiin a soi hi, "Tuin Mosi chu a kingaingiam a, leitung a mihing jousiah sangin" huleh Kisimbu 12:7 ah Pathian in chiam in hichiin A chi hi, "Koi teng sangin, Ka suaah Mosi, Ka insung jousiah ah a ginum hi."

Bible in mun tampi ah Pathian in hih Mosi A lungsiatdan ana soi hi. Pawtdohbu 33:11 in hichiin a chi hi, "Huchiin LALPA chu Mosi toh kimaituah in a kihou jel uhi, mikhat a lawm toh a kihou uh bang in." Huleh Pawtdohbu 33 ah zong, Mosi in Pathian Ngei kilaah diingin a ngen a huleh Pathian in A dawng hi chih i mu uhi.

Sawltaah Paul Pathian Bangin A Kilaah

Sawltaah Paul in Lalpa a diingin a hinna jousiah toh ana tong hi huleh a hun paisa toh kisai in, Lalpa ana soisat jiahin a lungtang a na zing hi. Hujaihin, sawina khawhtahte chu kipaahtah leh thanuamtahin ana thuaah a hichiin a chi hi, "Ajiahchu kei chu sawltaahte laha neupen ka hi a, huleh sawltaah chihtaah zong ka hi sih, ajiahchu Pathian kouhtuam kana sawi hi" (1 Korinthete 15:9).

Amah chu suangkul a khum ahi a, sihna diing khop a lauhumna mun a, simseenglouh diing zeepna ana tuaah hi. Nga vei Judate apat in sawmthum leh kua vei zeepna a tuaah hi. Thum vei chiangpum a zeep in a um a, suang a seh in a um a, thum vei long ah tuahsia a tuaah a, zaan khat leh suun khat tui ah a um hi. Lui lauhhuaina, suammang lauhhuaina, a mite lauhhuaina, Gentelte lauhhuaina, khopi lauhhuaina, gamdaai lauhhuaina, tuipi lauhhuaina, a sanggamte lauhhuaina ah a um hi; hun hahsa leh gimhuai ah, zaan ihmut louhna tampi, gilkial leh dangtaah, neeh diing neih louh veuna, khovot leh saguaahna ah a um veu hi.

A gimthuaahnate chu a huaise mahmah a huchiin 1

Korinthete 4:9 ah hichiin a chi hi, "Pathian in keiuh sawllehte hi si diinga guatsa bangin anunungpeena hung koih hiin ka ngaihtuah hi; hujiahin khovel leh, angelte leh, mihingte mitmuha etnop silin ka um uhi."

Tuin, Pathian in sawltaah, ginum mahmah, tung a hutobang sawina leh hahsatna a tun diing A phalna jiah bang hi diing a diai? Pathian in Paul lungtang kilawmtah suangval bang a chiim nei hung hi diingin ana deih hi. Paul in hun hahsa mat ahihlouhleh thah a, a um theihna zing ah kingahna diing Pathian chih louh koimah a nei sih hi. Pathian muanna leh nuamna a nei hi. Amah leh amah a kinual a huleh Lalpa lungtang a chituh hi.

A nuai a Paul thupuandoh chu sawina tungtawn a mihing kilawmtah ahung hihdoh lungkhoihtah ahi. Ama'n hahsatna bangmah pelh a sawm sih hi, mihingte thuaah diinga hahsatah hizongleh. Ama'n kouhtuam leh a membarte a lungsiatna chu 2 Korinthete 11:28 ah hichia soi in a phuang hi, "Polama hu silte chihlouh zong, kouhtuam pawlte ka ngaihtuahna nichina hung net jing ka tungah aum hi."

Huleh, Romte 9:3 ah, amah thah sawmte tungtaang hichiin a soi hi, "Bangjiahin ahiai ichihleh ka unaute, tahsa lama ka chipihte luangin keimah Khrist kawma pat bawltuam khopa haamse thuaahin um leng ka chi hi." Hitah ah, 'ka unaute, ka chipihte' a chih in Judate leh Pharisaite amah sawi a huleh naahtaha subeite a soina ahi.

Silbawlte 23:12-13 in hichiin a chi hi, "Huleh khua ahung vaah tahin Judate hunkhop akithukum va, Paul athah masiahva bangma ne leh dawn lou diingin akichiam ta uhi. Huleh, mi thah sawma kithukumte chu sawmli saanga tam jaw ahi uhi."

Paul in amah tunga lungnopmohna neihna diing a tung vah bangmah bawl a nei sih hi. Paul in tung vah zuau a soi sih a huleh silsia a bawl sih hi. Hizongleh tanchinhoih a soi jiah chauh in leh Pathian silbawltheihna a latsah jiahin amah thahna diinga kichiamna bawl diing pawl a kisiam uhi.

Ahihvangin, hih mite hutdam ahihna diingun a haamteipih hi, amah ngei hutdamna suhmang theihna hial himahleh. Hikhu jiah ahi Pathian in hutobang silbawltheihna Pathian in A piaah; amah tung siatna bawl sawmte a diinga a hinna ngei pedoh diing khop a hoihna thupi a chituh jiahin. Pathian in sillimdang natohte a rumal leh a puannatual in a suhkhaahte a hagau giloute leh natnate un a nuutsiat mai theihna sillimdangte bawl theihna A piaah hi.

Ama'n Pathiante A Chi Hi

Johan 10:35 in hichiin a chi hi, "Pathian thu tunnate bawn pathiante chi ahihleh (Pathian lehkhathu lah suhsiat theih ahi sih a)." Pathian Thu i ngah va huleh i zuih uh toh kiton in, thudih mite, chihchu hagau a mite, i hung hi uhi. Hichu Pathian hagau mipa i sutna uh ahi; hagau mi leh hagau buching a mi i hung hihna uh. Huleh, hichi chiang tan ah, Pathian banga um mihingte i hung hi thei uhi.

Pawtdohbu 7:1 in hichiin a chi hi, "Huleh Lalpa'n Mosi kawmah, Enin, Pharaoh diinga pathian khatin ka hung bawlta a;

na upa Aaron chu na zawlnei ahi diing hi." Huleh, Pawtdohbu 4:16 in hichiin a chi hi, "Amah chu na mite kawma na thusoipa ahi diing; amah chu nang diingin kam luang ahi diinga, nang chu amah diingin Pathian luang nahi diing." Gelh ahih bangin, Pathian in Mosi tung ah huchibang silbawltheihna thupi pia in huchiin Mosi chu mihingte mai ah Pathian in a kilang hi.

Silbawlte 14 ah, Jesu Khrist min in, sawltaah Paul in mi khat a damsung ana pai kha lou a dingsah in huleh a paisah hi. A hung din touh a huleh a kitawm chiang, mite'n limdang sa in hichiin a chi uhi, "Pathiante chu mihing tobang in ahung um va i lah vah ahung kumsu uhi (Silbawlte 14:11). Hitaha etsahna bangin, Pathian toh kitonte chu Pathian bangin a kilaah diing uhi ajiahchu amaute hagau mite ahi uhi, tahsalam sapum nei hizongleh uh.

Hujiahin 2 Peter 1:4 ah hichiin ana kisoi hi: "Hujiahin thuchiam manpha leh loupi mahmah chu ahung pia hi: huchiin utna jiaha khovela siatna um chu taaikhiahsanin Pathian hinna kikoppihte na hung hi thei diing uhi."

Pathian lungtang deihzawng chu mihingte'n Pathian hihna a kikoppih va, huchia eite'n tahsa mangthang diingte mial silbawltheihna chauh in a kipaahpih i paihmang va, Hagau a hagau i piansah va, huleh Pathian hihna dihtah a i kihel theihna diing uh ahi chih i heetdoh diing uh ahi.

Khatvei hagau buching dinmun i tun kalsiah, hagau chu a tungdohkiit veh uh chihna ahi. Hagau buching tundohkiitna vehna chih umzia chu Adam sualna jiaha mang Pathian lim i tungdoh kiit uh chihna ahi, huleh hujiahin hichu Pathian hihna dihtah a kihel chihna ahi.

Khatvei hih dan i tun kalsiah, Pathian a um silbawltheihna i tang thei uhi. Pathian silbawltheihna chu Pathian suun A tate kawm a kipiaah silpiaah ahi (Psalm 62:11). Pathian silbawltheihna tang chih chetna chu chiamchihna leh silmahte, sillimdang tuambiihte, huleh sil limdangtahte, Hagau Siangthou natohna tungtawn a kilangdohte ahi.

Hutobang silbawltheihna i tan va ahihleh, hagau simseenglouhte hinna leh hutdamna lampi ah i pui thei uhi. Peter in Hagau Siangthou silbawltheihna jalin natoh thupi tampi a tong thei hi.

Khatvei thusoi chauh in, mihing sang nga sanga tamzote hutdam ahi uhi. Pathian silbawltheihna chu hu mi toh Pathian A umkhawm uh chih chetna ahi. Hichu mite sunga ginna kiphutluut tahzetdan ahi.

Mite'n chiamchihna leh silmahte a muh louh va ahihleh a gingta sih diing uhi (Johan 4:48). Hujiahin, Pathian in A silbawltheihna chu hagau buching mite hagau a buching a tungdoh kiit a huchia mite'n Pathian hing, Jesu Khrist a, Vaangam leh Meidiil a um, huleh Bible thudihna ahung gintaat theihna, tungtawn in A sulang hi.

Bung 4
Hagaulam Lalgam

Bible in hagaulam lalgam leh mite a tuaahkhadan uh ahung hilh veu hi. Hichu hih leitung a hinkhua a bei chianga i paina diing uh hagaulam lalgam zong ahi.

Sawltaah Paul in Hagaulam Lalgam Thuguuhte A He

Bible a Hagaulam Lalgam Tawp Nei Lou Kitaahlang

Vaangam leh Meidiil A Um Ngei Hi

Hagau Hutdam Louhte A Diinga Sih Nunga Hinkhua

Ni leh Ha Loupina Kibatlouh Bangin

Vaangam chu Eden Huan Toh Tehkaahgual Ahi Sih

Jerusalem Thah, Ta Dihtahte Kawma Silpiaah Kipiah Hoihpen

Pathian lim mangsa tungdohkiitte'n a leitung hinkhua a zoh chiangun, hagaulam lalgam ah a pai kiit uhi. I tahsalam lalgam bang lou in, hagaulam lalgam chu tawp nei lou mun ahi. A sandan, thuuhdan, leh letdan teh gual ahi sih hi.

Hagaulam lalgam hutobang a lian chu Pathian a um vaah mun leh mial mun hagau giloute a diinga kiphalsah mun in a kikhen hi. Vaah mun ah Vaangam Lalgam ginna jala hutdam a umte a diinga kisiam ahi. Hebraite 11:1 in hichiin a chi hi, "Huleh ginna chu sil kinepnate heetchetna, sil muhlouhte um ngeeia heetna ahi." Ana kisoi bangin, hagaulam lalgam chu khovel kimu thei lou ahi. Hizongleh, tahsalam lalgam a huih kimu thei lou leh chet theihlouh himahleh a um ngei hi chih bangin, hih tahsalam khovel a i kineppih tahtah theih louh silkhat chu ginna a kinepna tungtawn in, a kilang in a um chih chetna in a um ngei ahihna a chian hi.

Ginna chu hagaulam lalgam toh hung zoptu kotkhaah ahi. Hichu hih tahsalam khovel hing eite diinga Pathian hagaulam lalgam a um toh i kimuhna uh lampi ahi. Ginna toh, Pathian hagau hipa toh i kihou thei uhi. Pathian Thu chu i hagaulam bil hong in, huleh i hagaulam mitte uh hah in, i za un i mu thei uhi, huchiin hagaulam lalgam i tahsa mitte toh muh theih louh chu i mu thei uhi.

I ginna uh khan dungjuiin, vaan lalgam diinga kinepna thupizaw in i khangsah diing va huleh Pathian lungtang thuuhzaw in i hesiam diing uhi. A lungsiatna i heetdoh va huleh i phawh chiangun Amah lungsiat lou in i um thei sih uhi. Hubanah, ginna bukim i neih chiangun, hagaulam lalgam ahung tung diing hi, huchu tahsalam khovel ah ahi thei sih hi, ajiahchu Pathian chu ei toh A umkhawm diing hi.

Sawltaah Paul in Hagaulam Lalgam Thuguuhte A He

2 Korinthete 12:1 apat in Paul in hagaulam lalgam a, a siltuaahte hichibangin a soi hi, "Kisahtheihpih chu a poimoh, a phattuamna um sih mahleh; hizongleh Lalpa muhlawhnate leh thupuandohte ah ka paitou jel diing hi." Hichu Vaangam Thumna a vaan lalgam Paradis a, a hohna a, a siltuaah toh kisai ahi.

2 Korinthete 12:6 ah hichiin a chi hi, "Ajiahchu kisuan ut mahleng mingol ka hi sih diing; thutah soi diing ka hi ngaala; hizongleh mi koiahain ahung muh bang leh ka thu ajaah bang saanga ahung ngaih loupi louhna diingin ka kideeh diing hi." Sawltaah Paul in hagaulam a siltuaah tampi a nei a huleh Pathian thupuandoh tampi a mu hi, hizongleh hagaulam lalgam toh kisai

a heet jousiah a soidoh thei sih hi.

Johan 3:12 ah, Jesu'n hichiin a chi hi, "Leitunglam silte ka hung hilh leh na gingta sih va, bangchiin vaangamlam silte hung hilh leng na gingta diviai?" A mit ngei va natoh thupitah tampi a muh nung un zong, Jesu nungjuite'n Jesu a gingta tahtah veh thei sih uhi. Lalpa thohkiitna a muh nung un ginna dihtah ahung nei thei pan uhi. Huzohin,, Pathian lalgam a diingin a hinna uh ahung laankhia va huleh tachinhoih ahung thehdalh uhi. Huchibangin, sawltaah Paul in hagaulam lalga toh ahung he hoih a huleh a hinna jousiah toh a mohpuaana ahung subuching hi.

Paul in ana bawl banga hagaulam lalgam limdangtah i phawh leh heetsiamna diing lampi a um diai? A dihtah in, a um hi. Khatna ah, hagaulam lalgam i lunggulh diing uh ahi. Hagaulam lalgam lunggulhna neih in Pathian hagau hi chu i he un i lungsiat uh chih a chian hi.

Bible a Hagaulam Lalgam Tawp Nei Lou Kitaahlang

Bible ah hagaulam lalgam leh hagaulam siltuaahte toh kisai kigial tampi i mu uhi. Adam chu hinna nei a kisiam ahi, huchu hagau hing ahi, huleh amah chu Pathian toh a kihou thei uhi. Amah zoh in zong, zawlnei tampi Pathian toh kihou leh khatveivei Pathian aw tangtaha za a um uhi (Siamchiilbu 5:22, 9:9-13; Pawtdohbu 20:1-17; Kisimbu 12:8). Khatveivei, angelte chu Pathian thusoi pe diingin mite mai ah a kilaah hi. Huleh sil hing lite (Ezekiel 1:4-14), cherubte (2 Samuel 6:2; Ezekiel 10:1-

6), ssakol leh sakolkangtalai kuang (2 Kumpipate 2:11, 6:17), hagaulam lalgam a um toh kisai kigial zong a um hi.

Tuipi San chu phel ni a kisuah hi. Pathian mi, Mosi tungtawn a suang a kipat tui ahung pawtdoh hi. Joshua haamteina tungtawn in ni leh ha a dinkhawl hi. Elijah Pathian kawm ah a haamtei a huleh vaan a kipat in meikuang ahung kesuh hi. Hih leitung a, a natoh diing a zoh in, Elijah chu Vaangam ah piingpei laha laahtouh in a um hi. Hagaulam lalgam hih tahsa munawng a hung kizalhkhia umna hun etsahna khenkhat a um hi.

Hibanah, 2 Kumpipate 6 ah, Elisah man diinga Aram ahung in, Elisha suaahpa Gehazi hagaulam mit ahung kihong a huleh Elisha veeng diingin sakol leh sakolkangtalai kuang tampi a mu hi. Daniel chu a mantra hihpihte lunggelna jalin humpi kul a sehluut in a um hi, hizongleh Pathian in A angelte humpite kam hum diingin A sawl a bangmah a chi sih hi. Daniel lawm thum a ginna uh kepna diingin kumpipa thu a mang sih uhi huleh meikuaang khuuh, a ngeina sanga a leh sagih a sazaw ah paihluut in a um uhi. Hizongleh a samzang uh khat zong a kaangton sih hi.

Pathian Tapa, Jesu'n, zong hih leitung a, a hung in mihing sapum a puaah hi, hizongleh hagaulam lalgam tawp nei lou, tahsalam mun tawp nei in a tuun theih louh in, a taahlang hi. Ama'n misite a kaithou a, damlouhna tuamtuam a sudam a, huleh tui tung ah a pai hi. Hubanah, a thohkiit zoh in Emmau lampi a pai a nungjuite nih kawm ah a kilaah hi (Luka 24:13-16), huleh baanga ah a paisuaah a huleh a nungjuite Judate lau a inn sunga kikhumte kawm ah a kilaah hi (Johan 20:19).

Hih chu tahsalam mun pailetna khel lam a ahi. Hikhu in ahung heetsah ahihleh hagaulam lalgam in hun leh munte gamgi a khuup hi. Hagaulam mun mit a kimu thei tahsalam mun chih louh a um a, huleh amah chu a deihna mun leh deih hunhun a kilang thei diingin hagaulam mun toh a kiton hi.

Vaangam khua leh tui hihna nei Pathian tate'n hagaulam sil a lunggulh mahmah diing uhi. Pathian hutobang mite hagaulam lalgam lunggulhna A neisah a hichiin Jeremiah 29:13 ah A chi hi, "Na hung hawl diing va huleh na lungtang jousiah utoh na hung hawl chiangun na hung mu diing uhi."

Hagau ah i chiah thei va huleh Pathian in hutobang lunggulhna toh banah, i mimal-kidihsahna, mahni-ngaihdan leh mahi-masialna i paihmang chiangin i hagaulam mitte ahung suhvaahsah diing hi.

Sawltaah Johan chu Jesu nung sawmlehnihte lah a khat ahi (Thupuandoh 1:1, 9). AD 95 in, amah chu Domitianus, Rome Kumpipa in a man a huleh sathau sa beel sung a paihluut hi. Hizongleh a si sih a Aegean Tuipi a Patmos tuikulh ah a taimang hi. Ama'n Thupuandoh bu hutah ah a gial hi.

Johan in thupuandoh thuuhtah a muhna diingin, chitna a neih a ngai hi. Siangthouna chitna a neih diing chu gilou mawngmawng um lou leh Lalpa lungtang neih ahi. Kuhkaltaha haamteina lungtang siang leh siangthou veh toh kilaan tungtawn in Hagau Siangthou thopna jalin Vaangam thuguuhte leh kilaahnate thuuhtah ahung kengkhesuh thei hi.

Vaangam leh Meidiil A Un Ngei Ahi

Hagaulam lalgam ah Vaangam leh Meidiil a um hi. Manmin kouhtuam ka phuhdoh nung geih in, Pathian in ka haamteina ah Vaangam leh Meidiil ahung musah hi. Vaangam a kilawmna leh kipaahna um chu thu a soi theih ahihlouhleh soi gual ahi sih hi.

Thuhun Thah hun laiin, Jesu Khrist a Hundampa va pomte'n sual ngaihdamna leh hutdamna a tang uhi. A leitung hinkhua uh a bei zoh chiangin Haankhuuh Tungnungzaw ah a chiah masa diing uhi. Hutah ah, hagaulam lalgam toh a kimil theihna diingun nit hum a vaithaam diing uhi, huleh Vaangam lalgam a Paradis a kingaahna mun ah a kisuan diing uhi. Ginna pa Abraham chu Lalpa vaanlam a, a kaltouh masiah Haankhuuh Tungnungzaw enkoltu ahi a, huleh hujiahin mizawng Lazar 'Abraham angsung a um' kichi Bible a kigial i mu hi.

Jesu'n kross dawn a, A hoih nunungpen a laah zoh in Haankhuuh Tungnungzaw a hagau umte kawm ah tanchinhoih a soi hi (1 Peter 3:19). Jesu'n Haankhuuh Tungnungzaw ah tanchinhoih a soi zoh in, a thoukiit a huleh hutah hagau um jousiah Paradis ah a tonpih hi. Huh hun a kipat in, huh hagau hutdam a umte chu Paradis polam a Vaangam kingaahkhawmna mun ah a um uhi. Laltouphah Ngou Loupi Vaihawmna zoh in, michih in a ginna uh buuhna dungjui va a tan uh tunglam khawlna mun chiat ah a chiah va huleh hutah ah kumtuang in a teeng uhi.

Laltouphah Ngou Loupi Vaihawmna, mihing chituhna hun a bei nung chianga um diing ah, Pathian in silsiam chiil apat a ana piangkhia michih a silbawl dungjuiin, a hoih hiin a hoihlou hitaleh, vai A hawm diing hi. Hichu Laltouphah Ngou Loupi Vaihawmna a kichi hi ajiachu Pathian vaihawmna lalthouphah chu a vaah leh taang mahmah diinga huchiin a ngou veh diing hi. (Thupuandoh 20:11).

Hih vaihawmna loupitah chu Lalpa huihkhua leh leitunga, Kum Saang Lalgam bei zoh chiang, um diing, a hung zoh chiangin a um diing hi. Huh hagau hutdam a umte a diingin, hichu lawmman hawmna vaihawmna ahi diinga, huleh huchi loute a diingin, hichu gawtna vaihawmna ahi diing hi.

Hagau Hutdam Louh a Umte A Diinga Sih Nung a Hinkhua

Lalpa ana pom loute leh amah a ginna nei chia kiphuang a hizongleh hutdam hi loute chu Meidiil palai nih in a sih nung chiangun a pui diing uhi. Amaute chu Haankhuuh Nuainungzaw a teeng diingin ni thum sung a kisahkhawlna diingun kokhuuh liantah tobang khat a um diing uhi. Natna huaisetah khat in ana ngaah hi. Ni thum zoh chiangin, Haankhuuh Nuainungzaw ah a kisuan diing, hutah ah a sualnate uh dungjuiin gawtna a mu chiat diing uhi. Haankhuuh Nuainungzaw Meidiil a um chu Vaangam chiah a liana hi, huleh hutdam louh hagaute koihna diing mun tampi a um hi.

Laltouphah Ngou Loupi Vaihawmna hun tun masangsiah, Haankhuuh Nuainungzaw a umte'n gawtna chi tuamtuam a tang diing uhi. Huh gawtnate lah ah ganhing ahihlouhleh gamsate in malsiatgawpna, ahihlouhleh Meidiil palaite soisatna chihte a tel diing hi. Laltouphah Ngou Loupi Vaihawmna zoh chiangin, meikuang diil ahihlouhleh kaat diil (kaat kuanna mun zong kichi) ah a chiah diing va huleh kumtuang gentheihna a thuaah diing uhi (Thupuandoh 21:8).

Meikuang ahihlouhleh kaat kuanna diil chu Haankhuuh Nuainungzaw a gawtna sangin a nazaw diing hi. Meidiil meikuang ngaihtuah phaah louh in a sa diing hi. Kaat kuannna diil chu meikuang sangin leh sagih in a sazaw hi. Hitah chu ngaihdam theih louh sual, etsahna diingin, Hagau Siangthou soisia leh a langpangte chihte bawltute a diing ahi.

Pathian in khatvei meikuang diil leh kaat kuanna diil ahung lah hi. A munte chu tawp nei lou leh tuihuuh tobang silkhat tuisa kikhohdoh hung pawt tobang in a dim hi, huleh mite chu chiang loutahin a kimu thei hi. Khenkhatte chu a awm va pat muh theih ahi va, huleh a dangte chu a ngawngtan vah a kiphuum uhi. Meikuang diil ah, kiheehna leh kikouna thawm a um a, hizongleh kaat kuanna diil ah chu a nat beehseeh jiahin a kiheeh thei sih uhi. Hih khovel muh theih louh chu a um ngei a chih i gintaat va huleh Pathian Thu dungjuia i hin va ahihleh huchiin hutdamna i tang ngei diing uhi.

Ni leh Ha Loupina A Kibat Louh Bangin

I thohkiit zoh chiang va i sapum uh toh kisai soina in, sawltaah Paul in hichiin a chi hi, "Niin loupina tuam anei a, hain loupina tuam anei, huleh aahsite'n zong loupina tuam anei uhi; aahsi leh aahsi zong loupi daanah akibang sih uhi" (1 Korinthete15:41).

Ni loupina chih umzia chu a sualnate uh a veh a paihmang a, kisusiangthou a, huleh hih leitung a Pathian inn jousiah a ginumte kawm kipiaah chihna ahi. Ha loupina kichi umzia chu ni loupina chiang tung pha loute kawm a loupina kipiaah chihna ahi. Aahsi loupina chu ha loupina sanga ngiamzaw mute kawm a kipiaah loupina ahi. Huleh aahsi khat apat khat kikal a loupina a kikhiat bangin, michih in loupina leh lawmman tuamtuam a mu diing uhi, mi khat in Vaangam umna mun dan kibang ah luut mahleh.

Bible in Vaangam ah loupina tuamtuam i mu diing uh chih ahung hilh hi. Vaanlam umna munte leh lawmman chu i sualna uh i paihmangna uh, hagaulam ginna i neih uh, huleh Pathian lalgam a diinga bangtan chiang a gin um i hihna chiangchiang va kinga in a tuam diing hi.

Vaangam lalgam in michih a ginna buuhna dungjuiin kipiaah diing umna mun tampi a nei hi. Paradis chu ginna buuhna nei tawmpente kawm ah a kipiaah hi. Vaangam Lalgam Khatna chu

Paradis sangin a sangzaw hi, huleh Vaangam Lalgam Nihna chu Khatna sangin a hoihzaw a, huleh Vaangam Lalgam Thumna chu a Nihna sangin a hoihzaw hi. Vaangam Lalgam Thumna chu Pathian laltouphah umna Jerusalem Thah khopi ah a um hi.

Vaangam chu Eden Huan Tehkaah Theih Ahi Sih

Eden Huan chum un kilawm leh muanhuai Leitung a mun kilawmpen toh tehkaah theih louh ahi, hizongleh Eden Huan chu vaan lalgam toh tehkaah pat theih zong ahi sih hi. Eden Huan a nuam sahna leh vaan lalgam a nopsahna chu a kibang keei sih hi, ajiahchu Eden Huan chu vaangam nihna ah a um a huleh vaan lalgam chu vaangam thumna ah a um hi. Hikhu jiah ahihleh Eden Huan a teengte chu mihing chituhna a telkha ta dihtahte ahi sih uhi.

Etsahna in leitung hinkhua chu vaah um louhna mial a hinkhua hitaleh, Eden Huan a hinkhua chu electrik vaah umna vaah a hinkhua ahi. Electrik bulb kisiamdoh ma in, thaumei a zang va, huchu a vaah haat sih hi. Hizongleh hute chu sil manphatah ahi veve hi. Mite'n electrik vaah a muh masatpen un limdang a sa mahmah uhi.

Mite chu a ginna buuhna uleh hih leitung a, a hin lai va hagau lungtang a chituh uh dungjuiin piaah ahi diing uh a kisoita hi. Huleh, vaangam a umna mun chih chu khat apat khat ah loupina leh nuamsahna muh theih in a kikhia hi. Pathian inn jousiah a ginum diinga kisusiangthou in huleh hagaulam mi buching i hung hih va ahihleh, Pathian laltouphah umna Jerusalem Thah khopi ah i chiah thei uhi.

Jerusalem Thah, Ta Dihtahte Kawm Kipia Silpiaah Hoihpen

Jesu'n Johan 14:2 a, ana soi bangin, "Ka Pa inn ah umna inn tampi au," Vaangam ah umna mun tampi a um tahzet hi. Jerusalem Thah khopi Pathian laltouphah umna a um a, huleh Paradis, hutdamna tang hamhamte a diinga kiphalsah mun zong a um hi.,

Jerusalem Thah khopi, 'Loupina Khop' zong kichi, chu vaanlam umna munte lah a mun kilawmpen ahi. Pathian in hutdamna muh chauh hi lou in hizongleh hih khopi a hung diingin mi koipouh A deih hi (1 Timothi 2:4).

Loubawlmi in buh hoihpen chauh a la thei sih hi. Huchibangin, mihing chituhna tang jousiah chu hagau buching a um Pathian ta dihtah ahung suaah veh thei sih uhi. Hujiahin, Jerusalem Thah khopi a luut diinga chitna nei loute a diingin, Pathian in umna mun Paradis apat Pathian Lalgam Khatna, Nihna leh Thumna ana bawl hi.

Paradis leh Jerusalem Thah chu a kibang sih mahmah mai va, a kibat louhdan chu bi inn leh kumpi inn kibat louhdan tuh ahi. Nulepate'n a tate uh sil hoih penpente a piaah nuam uh bangin, Pathian in eite A ta dihtahte hung hi a huleh Amah toh Jerusalem Thah a sil jousiah kikop diingin ahung deih hi.

Pathian lungsiatna chu mikhatte a diing chauh ahi sih hi. Hichu Jesu Khrist pom photmahte kawm a piaah ahi. Hizongleh vaan a umna munte leh lawmmante, huleh Pathian lungsiatna buuhna chu michih a kisuhsiangthouna uleh a ginumna buuhna tuam dungjuiin piaah ahi diing uhi.

Paradis, Vaangam Lalgam Khatna, ahihlouhleh Vaangam Lalgam Nihna a paite'n a tahsalam sil uh a paihmang veh sih uhi, huleh Pathian ta dihtah ahi tahtah sih uhi. Naupang neute'n a nulepate uh toh kisai a heetsiam veh louh uh bangin, Pathian lungtang heetsiam chu amau a diingin a hahsa hi. Hujiahin, hichu Pathian lungsiatna leh dihtatna jal ahi Ama'n michih a ginna uh buuhna dungjuiin umna mun tuamtuam ana bawl hi. Kum kibatpihte i lawmte toh kithuahkhawm a nop bangin, vaangam khua leh tui hihna neite a diingin ginna dan kibangte toh umkhawm a lungmuanhuaizaw in a nuamzah hi.

Jerusalem Thah khopi chu Pathian in mihing chituhna tungtawn in gah buching A aat chih chetna ahi. Khopi inbul suang sawmlehnihte'n Pathian tate huh khopi a luutte lungtang chu suang mantam banga kilawm ahi chih a chiang hi. Suangmantam kotkhaah in huh kotkhaah a paisuaahte'n tuikep chu a thuaahhaat jiaha suangmantam hung suaahte banga thuaahhatna a chituhdan uh chetna a piaah hi.

Suangmantam kotkhat ahung tun chiangun, vaangam ahung

luut theihna diing chiang va a dohzohna uleh a thuaahzohna hunte a phawhdohthau uhi. Sana lampi a, a pai chiangun, hih leitung a ginna lampi a zuihte uh a he zing uhi. Michih kawm a inn kipiaah letdan leh a kizepmawidan in Pathian bangchituha ana lungsiat va huleh a ginna utoh Pathian kawma loupina ana piaah uh ahiai chih a phawhdoh uhi.

Jerusalem Thah a luut theite'n suangval banga siang leh kilawm lungtang ana chituh jiah uleh Pathian ta dihtah ahung hih jiahun Pathian meel chu kimaituahin a mu thei uhi. Amaute chu angel tampite'n na a tohsah diing va huleh kumtuang kipaahna leh nuamna toh a hing diing uhi. Hitobang chu mihing ngaihtuahna khel ah nuam mahmah leh mun siangthou ahi diing hi.

Lekhabu tuamtuam tampi a um bangi, Vaangama ah zong lehkhabu tuamtuam tampi a um diing hi.

Hutdam a umte min kigelhna hinna lehkhabu a um hi. Heetzingna lehkhabu, kumtuang a heetzing diing silte kigelhna zong a um hi. Hichu sana rong ahi a huleh a kawm chu ngilneitah leh kumpi zeem in ahi, hujiahin koipouh in hichu lehkhabu manpha mahmah ahi chih baihlamtahin a he thei uhi. Hikhu in bangtobang dinmun a mi bangtobangte'n bangtobang silte bawl ahi viai chih kimtahin a gialluut hi, a poimohna lailai chu video in a kigialluut hi.

Etsahna diingin, hikhu in Abraham in a tapa Isak halmang sillat a, a latna thute; Elijah in vaan apat a meikuang a puisuhna; Daniel humpi kul sung a veenbit ahihna; huleh Daniel lawm thumte Pathian kawm a loupina piaahna diinga meikhu sunga kaang lou a, a umna uh thute a gialluut hi. Pathian in ni manpha khenkhat chu huh lehkhabu mun khenkhat honna diing leh a sunga umte mite heetsahna diingin A teel hi. Pathian tate'n kipaahna toh Amah a ngaikhia va huleh phatna la toh Pathian a paahtawi uhi.

Huleh, Jerusalem Thah ah ankuangluina, Pa Pathian in zong A luui ankuangluina tel in, a kitawi zing diing hi. Hih ankuangluinate chu Lalpa, Hagau Siangthou, huleh zawlnei Elijah, Enoch, Abraham, Mosi leh sawltaah Paul in ana luui uh ahi. Gingtu dangte'n a unau dangte uh zong ankuangluina luui diingin a chial thei uhi. Ankuangluina chu vaangam hinkhua a nuamna phaahtawpna ahi. Hichu kiningchinna, zalenna, kilawmna huleh Vaangam loupina etzual a muh theihna leh zouna mun ahi.

Hih leitung nasan ah, mite a kilawm theipen in a kichei va huleh ankuangluina lian ah ne in dawn in nuamsatahin a um uhi. Vaangam a ankuangluina ahi, angelte'n la sa leh laam leh tumging tum in a um uhi. Pathian tate zong gingkilawm toh la sa leh laam in a um uhi. A mun chu lamna leh la sahna leh nuihna nuamtah ging in a dim hi. Ginna a, a unaute utoh dohkaan kiim a toukhawm phengphang in nuamtahin houlimna a nei thei uhi, ahihlouhleh a muh kaal uh a ngaahlah mahmah uh ginna a pate toh a kichibai thei uhi.

Lalpa'n A lui ankuangluina ah chial a, a um uleh, gingtute chu Lalpa mou diing bang mai in a hoih theipen a kizep sawm in a um uhi. Lalpa chu hagaulam a i moupa uh ahi. Lalpa moute'n Lalpa innsaang mai a phaah chiangun, angel nih in kotkhaah sana meivaah a taang sengsung ning tuaah ah kingaingiamtahin ana dawn uhi.

Innsang baangte chu suangmantam tuamtuam toh cheimawi in a um hi. Baang tung chu paah kilawmtah in a dim a, huleh hih paahte'n Lalpa moute ahung tungpan chauhte a diingin gim kilawmtah a pedoh hi. Innsang a, a luut chiangun, a hagau uh sungnungpen ning tan khoihkha ging kilawm a za thei uhi. Phatna ging nuam sa leh lungmuang in a um va, huleh a kipaahna utoh, huh mun chiang ana puitu Pathian lungsiat phawh kawm in nasataha khoih in a um uhi.

Lalpa innsang a angelte puina toh innpi sung lam a sana lampi a, a pai chiangun, a lungtang uh chu thalopna in a dim hi. Innpi kawmlam ahung tun chiangun, amaute lamtuaah diinga Lalpa hung paidoh a mu thei uhi. Thakhatin a mitte uh mittui in ahung dim a, hizongleh Lalpa lam zuan in ahung tai uhi ajiahchu amaute a kintehilam in Lalpa muh kaal a ngaahlah uhi.

Lalpa'n amaute chu khatkhat in A meel lungsiatna leh hehpihna a dim toh, huleh A baan golpi a zaah kawm in A kawi hi. Ama'n, "Hung un! Ka mou meelhoihte! Chibai!" chiin a vaidawn hi. Gingtu Lalpa'n vaidawnna nuamtah toh ana vaidawnte'n a lungtang jousiah utoh A kawma kipaahthu sawi kawm in hichiin a chi uhi, "Na hung chial jiahin ka kipaah hi!" Lungsiatna thuuhtaha ana kilungsiattuahte bangin, Lalpa toh khut kitukawm in a pai va a kiim va uh en in, huleh hih leitung a, a um lai va ana ut mahmah uh Amah toh kihoulimna a nei uhi.

Jerusalem Thah khopi a hinkhua, Pathian a Mithumte toh

hinkhawm, chu lungsiatna, nuamna, kipaahna leh thangphatna in a dim hi. Lalpa chu kimaituah in i mu thei a, A aangsung a um, Amah toh khualzinkhawm in, huleh Amah toh sil tampi zou in i um uhi! Bangtobang a hinkho kipaahhuai ahita diai? Hutobang kipaahna zouna diingin, i kisuhsiangthou va huleh hagau i buchinsah diing uh ahi, huleh hubanah hagau buching Lalpa lungtang suun veh i neih diing uh ahi.

Hujiahin, kintahin hih kinepna toh hagau buching i ngahpah va, i hinna uh ahung khantouh bang jela sil jousiah hoihtaha a pail eh chidamna toh gualzawlna i tan diing uh ahi, huleh huh zoh chiangin Jerusalem Thah khopi loupe a Pathian laltouphah naih theipen a i chiah diing uh ahi.

A Gialtu:
Dr. Jaerock Lee

Dr. Jaerock Lee chu Muan, Jeonam Province, Republic of Korea ah 1943 kum in a piang hi. Kum sawmnih ahihnungin, Dr. Lee chu suhdamtheihlouh natna tampi kum sagih sung a thuaah a, huleh damdohna diing kinepna um lou in sih diing ngaah in, a um hi. Kum 1974 in khokhal laiin ni khat a sanggamnu'n biaahinn a pui hi huleh khupdin a thum chiangleh, Pathian Hing in a natna jousiah apat in a damsah veh hi.

Hutobang siltuaah toh Dr. Lee in Pathian Hing a muh toh kiton in ama'n Pathian a lungtang leh a chihtahna jousiah toh a lungsiat a, huleh 1978 kum in Pathian suaah diing a kouh in a um hi. Ama'n Pathian deihzawng kichiantah a a heettheihna diing leh a suhbichintheihna diing leh Pathian Thute a man veh theihna diingin chihtahtahin a thum hi. 1982 kum in, Manmin Central Kouhtuam, Seoul, Korea ah a phutdoh hi, huleh Pathian natohna simseenglouh, limdangtah a suhdamna leh silmahte zong tel in, a biaahinn ah a tung hi.

1986 kum in, Dr. Lee in Korea a Jesus' Sungkyul Kouhtuam a Kumtawp Khawmpi ah pastor a ordained ahi a, huleh kum li zou in 1990 kum in, a thusoite Australia, Russia, Phillipines leh a dang tampi a Far East Broadcasting Company, Asia Broadcast Station, leh Washington Christian Radio System tungtawn in hahdoh ahi.

Kum thu zohin 1993 kum in, Manmin Central Kouhtuam chu Christian World tanchinbu in (US) in 'World's Top 50 Churches (Khovel a Kouhtuam Lian 50 te)' lah a khat in a teldoh hi huleh ama'n Honorary Doctorate of Divinity, Christian Faith College, Florida, USA apat a ngah hi, huleh 1996 kum in Kingsway Theological Seminary, Iowa, USA ah Ph. D in Ministry a la hi.

1993 apat in Dr. Lee in tuipi gaal lam gamte, Tanzania, Argentina, L.A., Baltimore Khopi, Hawaii, leh USA a New York Khopi, Uganda, Japan, Pakistan, Kenya, Philippines, Honduras, India, Russia, Germany, Peru, Democratic Republic of the Congo, Israel leh Estonia a chialpina a bawlna tungtawn in world mission ah lamkaihna a la hi.

2002 kum in amah chi "khovel pumpi tohhalhtu" chiin Korea a Khristian tanchinbu liante'n tuipigaal a, a chialpina tuamtuamte a a natohna sibawltheitah jiaha chih in a um hi. A diaahkhol in, a New York Crusade 2006,' Madison Square Huan, khovel-minthangpen kikhopna mun a um chu, gam 220 ah hahdoh in a um a, huleh a 'Israel United Crusade 2009' International Convention Center, Jerusalem a um ah Jesu

Khrist chu Messiah leh Hundampa ahi chiin hangsantahin a phuangdoh hi. A sermon chu huihkhua khawl, GCN TV tel in, gam 176 ah hahdoh in a um a huleh amah chu 2009 leh 2010 kumte a Khristian Lamkai Minthangpen 10 te lah ah khat in Russia Khristian tanchinbu minthang mahmah In Victory leh agency thah Christian Telegraph in a TV hahdohna natohna leh tuipigaal kouhtuam-kepna natohna jalin a koih ahi.

March 2012 tan ah, Manmin Central Kouhtuam in kouhtuam membar 120,000 vaal a nei hi. Gamsung leh tuipi gaal ah kouhtuam 10,000 khovel pumpi huap in a nei a, hu lah ah kouhtuam kahiang 54 Korea khopilian tuamtuam ah a um hi, huleh missionary 129 valte gam 23, United States, Russia, Germany, Canada, Japan, China, France, India, Kenya, leh adang tampi telin a sawldoh hi.

Hi lehkhabu kisuahdoh hun tan in, Dr. Lee in lehkhabu 63, a kizuaahdoh tampen (bestsellers) Sih Ma A Kumtuang Hinna Cheplawhna (Tasting Eternal Life Before Death), Ka Hinkhua Ka Ginna I &II (My Life My Faith I&II), Kross in a Thusoi (The Message of the Cross), Ginna Buuhna (The Measure of Faith), Vaangam I &II (Heaven I & II), Meidiil (Hell) huleh Pathian Silbawltheihna (The Power of God), tel in a gial hi. A lehkha gelhte haam 74 valin lehdoh ahi.

A Khristian thugelhte, The Hankook Ilbo, The JoongAng Daily, The Chosun Ilbo, The Dong-A Ilbo, The Munhwa Ilbo, The Seoul Shinmun, The Kyunghyang Shinmun, The Hankyoreh Shinmun, The Korea Economic Daily, The Korea Herald, The Shisa News, leh The Christian Press ah ahung tuang hi.

Dr. Lee chu tu leh tu in missionary pawl leh pawlpi tampi ah, A Lu (Chairman), The United Holiness Church of Jesus Christ; Lamkailian (President), Manmin World Mission; Lamkailian Hi Tawntung (Permanent President), The World Christianity Revival Mission Association; Mudohtu (Founder), Manmin TV; Mudohtu (Founder) & Board a, A lu (Chairman), Global Christian Network (GCN); Mudohtu (Founder) & Board a, A lu (Chairman), World Christian Doctors Network (WCDN); leh Mudohtu (Founder) & Board a, A lu (Chairman), Manmin International Seminary (MIS)te hihna a tu hi.

www.ingramcontent.com/pod-product-compliance
Lightning Source LLC
LaVergne TN
LVHW021806060526
838201LV00058B/3262